師匠

立川志らく
Tatekawa Shiraku

集英社

師匠　目次

師匠

第一章

七代目立川談志《たてかわだんし》。

世間のイメージは毒舌家、古い経歴を知る人からするとタレント議員の走り。沖縄開発庁の政務次官にまでなったが、わずか三十六日で辞任した。原因は二日酔いで記者会見に臨み、記者から「公務と酒とどちらが大事なんだ！」と問われ、「酒に決まっているじゃねぇか！」とタンカを切ったから。

そんな破天荒な落語家だが、若い頃から古典落語に関しては天才だと評価され、近年は談志こそが落語中興の祖だと言う人もいる。いや、ただの異端児だと談志を毛嫌いする向きもある。談志の濃いファンは、談志信者と呼ばれている。

とにかく好き嫌いの分かれる落語家であることは間違いない。

若い頃に出版した『現代落語論』は、多くの落語家や落語ファンのバイブルとなっている。著書のなかで「落語が『能』と同じ道をたどりそうなのは、たしかである」と危惧し、

「伝統を現代に」をスローガンに落語と闘い続けたのも事実である。

さらに、「落語は人間の業の肯定」だと謳《うた》った。人間は弱いもの、ダメなものだ。それを認めてやるのが落語だと。

たとえば、忠臣蔵《ちゅうしんぐら》で主君のために切腹覚悟で仇討《あだう》ちを遂げた四十七士は、業の克服であり、それは芝居や映画の描くこと。一方、落語は、いくら主君のためとはいえ、仇討ちなんてとんでもないと逃げてしまった大勢の家来の側を描く。つまり「業の肯定」なんだと結論づけた。

談志は一九八三年、長年在籍していた落語協会から離脱して、落語立川流を創設。初代家元におさまった。

引き金になったのが、真打ち昇進試験問題。当時、落語協会の会長であったのちの人間国宝、五代目柳家《やなぎや》小《こ》さんとは相思相愛、親子のような師弟関係だと言われていた。だが、のちほど詳述するこの一件により、談志は、師匠小さんから破門される。

落語立川流をつくったはいいが、一年中興行を行っている東京の寄席――新宿末廣《すえひろ》亭、上野の鈴本《すずもと》演芸場、浅草演芸ホール、池袋演芸場には、談志をはじめ、その弟子たちは全員出演することができなくなった。当時、寄席は落語家にとって命であり、修業の場としても必要な空間とされていた。しかし談志は、「寄席がなくても落語家は育つ」という意志のもと、売れっ子の弟子を育て上げた。

談志の功績のひとつに『笑点《しょうてん》』がある。寄席芸としてファンに親しまれていた大喜利をテレビショウに仕立て上げたのだ。『笑点』はその後、五十年以上にわたってお茶の間の支持を受け、いまなお親しまれている。

談志は晩年、落語はイリュージョンであり、なんだかわからない夢のような、だがそれは芸術の本質でもある、と言うようになった。同時に、落語とは「ひとことで言うなれば、江戸の風が吹くもの」とも主張し、とりわけ後者は多くの落語ファンの支持を得た。

談志を絵画で喩《たと》えるならば、若い頃は写実主義。やがて、己のフィルターを通して語る印象派に変わり、晩年はキュビスムへ。抽象画の世界に入り込んだが、末期はノドのガンによりきちんと話すのが難しくなり、まるで一筆描きのごとき落語をやるようになった。

そして二〇一一年十一月二十一日、七十五年の人生に幕を下ろした。

常人ではなかった。その芸、言葉、行動のどれをとっても天才としか言いようがない。

かつて私は、立川談志という落語家が大嫌いだった。

落語家のくせに議員になったり、テレビに出てくれば生意気なことばかり言って、こんな落語家がまともな落語をやるはずがないと思っていた。

子どもの頃から好きだったのは、いわゆる「名人」と呼ばれていた本寸法《ほんすんぽう》の落語家だ。

中学生の頃、NHKで放映された三代目三遊亭金馬《さんゆうていきんば》の『藪入《やぶい》り』に衝撃を受けた。

「おじいさんなのに面白い！」

ちょうど同じ時間帯に『8時だョ！全員集合』が放映されていて、私としてはカトちゃんを見たかったのだが、父親が薦めるので、しかたなく見たのだった。

「カトちゃんより面白い！」

衝撃である。おじいさんなのに面白い。ましてや、当時の子どもには神のような存在であったカトちゃんよりも面白いとは。

あくる日、学校に行くと友だちに吹聴《ふいちょう》して回った。

「ドリフターズより面白い人がいるんだよ。金馬！　すごいんだよ」

以来、落語に興味を持つようになった。

父親の書斎に落語全集のレコードがあり、そのなかに金馬の『藪入り』もあった。ソラで言えるほど聴きまくった。金馬のほかにお気に入りは、十代目金原亭《きんげんてい》馬生《ばしょう》。水墨画のようなシブい落語をやる名人だった。

高校生になると、落語を聴きに寄席やホール落語に足を運ぶようになった。

大学一年の夏、私の運命を変える出来事が起こる。

東横落語会という歴史あるホール落語の会があった。たまたま購入したチケットは最前列のド真ん中。落語家たちの息遣いが伝わってくる席だった。

お目当ての馬生の出番。いつもならば前座が出てきて、高座にある座布団をひっくり返し、落語家の名前の記されためくりを返す。出囃子《でばやし》に乗って落語家がひょこひょこ現れると、座布団に座り、深くお辞儀をする。

しかし、このときは違った。

出囃子はたしかに流れたのだが、幕が閉まってしまった。

しばらくして、ふたたび幕が上がった。すでに馬生が高座に座っていた。

のちにわかったのだが、馬生は病気のため、高座まで歩くことができなかった。なので、いったん幕を下ろし、弟子たちが馬生を担いで高座に座らせたのだという。

このとき馬生は、食道ガンに侵されていた。

声が出ない。『船徳《ふなとく》』という夏の定番の落語をやったが、台詞《せりふ》が聞きとれない。当然、笑いもまったく起きない。それどころか、客の多くは寝ていた。

馬生は、噺《はなし》を中断させてしまった。痰《たん》がノドに絡んだようだ。ちり紙を懐から取り出し、口をぬぐうと、「高座でこんな失礼なマネをしたのは、初めてでございます」と客に詫《わ》びて、噺を再開させた。

おそらく馬生の落語家人生で最低の落語だった。だが、私は涙が止まらなかった。芸人としての気迫がヒシヒシと伝わってきた。「坊や、落語を頼むよ」と私に対して、馬生が言っている気がしてならなかった。

帰り道、私は決心した。

「この人の弟子になろう！」

当時の私は、映画監督になるという夢を追って、日本大学の藝術学部に入学していた。

でも、落語家になろうと思った。

その十日後、テレビでニュース速報が流れた。

「落語家の金原亭馬生さん、亡くなる」

……え？

全身が震えた。

馬生が亡くなってしまった。

私の父は、息子が馬生のファンということを知ってはいたが、まさか弟子入りまで考えていたとは夢にも思わず、「ああ、死んじゃったのか。残念だなあ」と言った。その軽さに、腹が立った。

金原亭馬生、享年五十四。

そんなに若かったのか。

私はてっきり、もっとおじいさんかと思っていた。

落語とはおじいさんが演ずるもの。おじいさん以外の落語家は、落語家にあらず。そう信じていた。おじいさんが面白いという衝撃。そんなおじいさんのファンになっている自分が面白いとも思っていた。

弟子になりたかったことを、どうしてもこの最高にカッコよかったおじいさんに伝えたい。私は馬生の葬式に行くことにした。いや、むしろ弟子入りに行くような気持ちだった。亡くなった人に弟子入りする――。

志は崇高だが、喪服すら持っていなかった。

「ねえ、お母さん、うちに喪服ある？」

「お父さんのは冬用しかないよ」

「冬用だと暑いなあ」

「夏用かあ。リサイタルで使う燕尾服《えんび》ならあるわ」

父はクラシックのギタリストだ。スーツはいっさい着ない。リサイタルのときは燕尾服を着ていた。子どもの頃からその姿が嫌いだった。嫌いというか怖かった。まるでバルタン星人のようなのだ。

「燕尾服なんか着て、葬式には行けないよ」

「お葬式？　誰の？」

「いや、本当の葬式じゃない。大学の授業で使うんだよ」

授業で喪服を使うって、どんな授業なんだ。ただ、私は演劇学科だったので、衣装だと思えば、なんら不思議なことはない。

「高校のときの制服のズボンに白シャツで黒ネクタイをすれば、それらしく見えるよ」と、母がアドバイスしてくれた。

冬用の喪服。燕尾服。制服。

三択である。

当然ながら、私は制服を選択した。

ここで問題が起きた。制服のズボンのチャックが壊れていたのだ。

「これなんとかならないかな？」

「じゃ、縫いつけてあげようか」

縫いつけられたら、たまらない。どうやってオシッコをすればいいのか。

しかたなく私は、ズボンの前が開いたままで出かけた。電車ではカバンで前を押さえてごまかした。

日暮里《にっぽり》にある馬生の自宅。葬儀の受付まできて、はたと気づいた。

香典を持っていない。

財布には数千円しか入っていない。香典もないし、いくらなんでも香典を数千円ですませるわけにもいかない。ましてや、剝《む》き出《だ》しで。

私は電信柱の陰に隠れ、同じような境遇の人はいないかしらと見ていたが、そんなやついるわけがない。

そのうち受付の人が私の存在に気づき、声をかけてきた。

「なにかご用ですか？」

「すみません、ご祝儀を忘れてしまって」

「ご祝儀って？」

「あの、弟子になりたいんです」

「弟子に？　師匠は亡くなったんですよ！」

「わかっています。気持ちを伝えたくて。……あの、お線香だけでもあげたくて」

「困ります」

「いや、そこをなんとか――」

押し問答をしていると、馬生一門の番頭格、古今亭志《ここんていし》ん駒《こま》師匠が現れた。この方はヨイショの達人という異名を持つ。

「なにをモメてるんだい？」

「あ、志ん駒師匠、こちらの方が弟子になりたかったから、お線香あげさせてほしいと。香典もなにも持ってきていないんですよ」

するとん駒師匠、ニコッと笑みを浮かべた。

「兄ちゃん、師匠のファンなのかい？　若いのにいい了見だね。香典なんかいらねぇよ。さあ、こっちにいらっしゃい。本当にいい了見だなあ！」

いくら私をヨイショしても、それこそ祝儀を持ち合わせていない。

「さあ、ここに並びな。師匠は喜ぶよ。おまえさんみたいな若い子がファンだなんてね」

「……はい」

「弟子になりたかった思いの丈を、きちんと伝えるんだよ」

「ありがとうございます」

一般の参列者は庭からのお焼香。祭壇の脇には実弟の古今亭志ん朝《しちょう》師匠、馬生師匠の娘さんで女優の池波志乃《いけなみしの》さん、ご亭主の中尾彬《なかおあきら》さんらが鎮座していた。

私の番が回ってきた。

「荷物、お預かりしましょうか」

係の人が声をかけてきた。

「いや、けっこうです」

なにしろズボンのチャックを隠すためのカバンだ。しかし、カバンで前を押さえたまま、拝むのは難しい。両手で拝めばカバンは落ちてしまう。かといって片手だけで拝むわけにはいかない。

思案に暮れていると、馬生師匠の遺影が目に飛び込んできた。かわいらしい笑顔の写真であった。

自然と身体《からだ》から力が抜け落ちた。カバンを下に落として、手を合わせた。

「師匠！　弟子になりたかった。師匠！　弟子にしてください」

そう言うと涙が止まらなくなった。

遺族は驚いた。見ず知らずの若者が、弟子にしてくれと号泣している。しかも、ズボンのチャックが開ききっている。そのことに気づいた誰かが、耐えきれずに笑い出した。つられて皆、肩を震わせはじめた。私はあわててカバンを拾い上げると、前を隠した。

正式な弟子入りではない。

でも、これが私にとって落語家人生スタートの日だ。

初日に笑いがとれたのだから、幸先《さいさき》はよかったのかもしれない。


馬生宅をあとにした私は、こんな日だから落語を聴きたいと思った。

足は池袋演芸場へと向かった。「主任《トリ》　立川談志」と書かれた看板が目に留まった。

私は談志が嫌いだった。よりによって談志とは。

木戸銭を払い、こぎたない雑居ビルのような階段を上る。

普段はガラガラだが、談志のトリということもあり満員の客席。おそらく弟子であろう、中途半端に面白い顔をした落語家が高座に登場した。口を曲げたり、やたら手を動かすところばかりが談志にそっくりで、案の定、面白くもなんともなかった。

数人の芸人の高座のあと、談志が出てきた。

不機嫌そうな感じで高座に座り、お辞儀をした。客は大盛り上がり。すると、談志はおもむろに馬生の思い出を語りはじめた。

「ネタ数は誰よりも多かった師匠だったなあ。でも、十八番《おはこ》がねぇんだよな。ただ、いまの落語界においていちばん話の通じる人だったよ。きちんと論理で話すことができる、落語家にしては稀有《けう》な存在だった。もったいねえなあ」

べつにギャグを言うわけでもなく、淡々と思い出を語る。盛り上がっていた客のテンションが次第に下がっていくのがわかった。そんなことはおかまいなく、談志は馬生の話を続けた。

やがてシビれをきらした客が、談志をやじった。

「落語をやれ!」

客席に緊張が走る。談志は客とよくケンカをする、という話がのべつあったから。やじられた談志は、しばらく無言でいた。そして、悲しそうな顔で言った。

「ごめんな。落語をやる気分じゃないんだ。金なら返すよ」

私の身体に、電流が走った。

商売人としては失格だ。どんなときでも金銭に見合う芸を披露しなくてはダメだ。でも、芸術家としては素晴らしい。馬生が亡くなって、そんな悲しい気分で落語をやれば客には迷惑だし、落語そのものにも失礼だ。

その言葉にシビれたのもたしかだが、それ以上に、凜《りん》としたその佇《たたず》まいに惹《ひ》かれた。

なんてカッコいいんだろう！

一瞬、談志と目が合った。

「おい、おまえ。落語家になりてぇんだったら、オレの弟子になれよ」

談志が高座からそう言っているように聞こえた。

「この人の弟子になろう」

その晩、けっきょく談志は落語をやらなかった。

追い出しの太鼓が鳴り、談志が丁寧にお辞儀をする。ちょっと顔を上げると、満面に笑みを浮かべた。その笑顔は悲しみに溢《あふ》れていた。

帰りの電車、私の脳裏で、馬生師匠の遺影の笑顔と談志の笑顔とが重なり合い、ひとつになった。


その日から談志の出演する寄席へと通うようになった。

初めてちゃんと聴いた談志の落語は、どれもすごかった。過去の名人の集大成のようであり、さらにそこに現代が見え隠れする。どの噺にも己の苦悩が滲《にじ》み出ていた。

当時の私はまだ大学の一年生。大学をやめて落語家になるというわけにはいかなかった。

なにしろ、貧乏な親が金を方々から工面して入れてくれた大学だ。せめて卒業はしないと申し訳が立たない。

そこで私は落語研究会、いわゆる落研《おちけん》に所属することにした。

「入部させてください」

九月、季節外れの入部希望者に、先輩は不思議そうな顔をした。

「落語好きなの？」

「ハイ！　大好きです」

「変わっているね。うちは落研だけど落語やらないよ。ほとんど毎日、ソフトボールやってるだけ。まあ、言ってみれば、落研という名のソフトボール部だから」

「それでもかまいません。私が落語をやるクラブに変えます」

「え？」

「落語家になるつもりです。馬生師匠に弟子入りしたかったんですけど亡くなってしまったので、談志師匠の弟子になる予定です」

たいへんなやつが入部してきた、と先輩たちは大騒ぎだ。

それ以来、私のキャンパスライフは授業二割で、落研が八割。先輩たちを突っついて、わずか一年で本当に落語だけをやるクラブに変えてしまった。

そして大学を卒業したら談志のところに行くんだと、せっせと寄席通い。

しかし、事件が起こった。

一九八三年、談志が落語協会を脱退してしまったのだ。

なにがあったのか。

真打ち試験というものがあった。落語協会の幹部とされる落語家の師匠たちの前で、ある程度の年季を経過した若手落語家を対象に、真打ちになる力量があるか否かを測る試験である。談志もその審査員のひとりであった。

その年、試験に談志の弟子ふたりが挑戦した。

試験当日。談志はほかに仕事が入ってしまい不参加となった。

試験に挑む弟子たちが不安な顔を見せると、談志は太鼓判を押した。

「まあ、オレがいなくても、おまえたちの実力なら合格する」

「はい！」

「実力というか、とりあえず誰でも受かる試験だ。形式的なものだ。もっとも、誰でも受かる試験をはたして試験と呼んでいいのかという疑問は生じるが、それはまた別の問題だ」

そう、形式的な試験だった。

問題は若手落語家の数が増えすぎたことだった。本来、真打ち昇進は基本的に一度にひとりと決まっていたが、数が多いと順番を待っているうちに若手ではなくなってしまう。それを解決するために、落語協会は十人まとめて真打ちに昇進させることにした。だが、世間からは大量真打ちと揶揄《やゆ》されてしまう。そこで大量真打ちに値打ちをつけるため、真打ち昇進試験なるものを実施することにしたのである。

だから試験とは名ばかりで、ほとんど落ちる者はいなかった。すると世間からは、落ちる者がいない試験になんの意味があるのか、という声が上がりはじめた。その最中にこの試験があった。

談志もまた、試験の意義にはなはだ疑問を感じていた。だからこそ、他の仕事を優先させてしまったのである。

そこで悲劇が起きた。

真打ち試験の結果、不合格者が数人出た。なかに談志のふたりの弟子が含まれていた。

談志は激怒した。

「落ちる者のいない試験はおかしいから、数人は不合格にしようと考えたんだろう！　ちょうどオレさまがいないから、談志の弟子は落としちまえってことだろう！　その審査をした連中に、どれだけ落語を見る目があるというんだ！　オレよりも売れていない、芸も下のやつらが、オレが十分に真打ちの力があると判断した落語家について、その力量はないと判断したわけだ。つまり、これは立川談志の否定ということになる。そんな場所にはいられない。オレは落語協会をやめる」

この主張が正しいのか正しくないのか、いまもって私にはわからない。いくら談志が「オレより下手な」と言ったところで、向こうはオレのほうが上手《うま》いと思っているかもしれない。ただ、談志は己のプライドを踏みにじられたと思った。だから弟子を引き連れて、本当に落語協会を脱会してしまった。

当初、談志の師匠である五代目柳家小さんは、愛弟子《まな》を旅に出させるといったぐらいの軽い気持ちでいた。しかし、談志憎しの落語家たちも一定数おり、彼らが寄ってたかって小さんを煽《あお》ったので、ついに小さんは談志を破門にしてしまう。そして談志は、長年愛してきた寄席からも追放とあいなったのである。

この騒動を耳にして、私はショックを受けた。

談志の弟子になろうと決めていたのに、それだと寄席に出られなくなってしまう。

当時は、落語家イコール寄席であると、落語ファンも落語家も信じていた。談志は大勢の弟子を抱えた状態で落語協会を飛び出て、さらに寄席からも締め出された。当然、談志の弟子たちも寄席には出演できなくなってしまった。

それだけではない。談志は立川流を創設して、なんと弟子たちから上納金をとると宣言したのである。

落語家の師弟関係に金銭は介在しない。師匠は弟子――つまり修業中の前座を労働力として使うかわりに落語のレッスン料はとらない、というのが落語界の不文律であった。その決まりを破って、談志は弟子から金をとるというのだ。

真打ちは月に四万円、二つ目は二万円、前座は一万円。

収入がいっさいない前座からも金をとるという。それはおかしいだろうと新聞記者が問うと、談志は平然と言い放った。

「同じ疑問を花柳流《はなやぎりゅう》の家元のところに行ってぶつけてみろ」

談志曰《いわ》く、

「弟子たちはさんざんオレの名前で飯を食っている。だから、名義料として金をとるんだ。月に四万もとられたら、ぼんやりしていられないだろう。そのぶん働かないといけなくなる。それは売れるきっかけにもなるはずだ」

理屈はわかるが、ならばなぜ前座からもとるのか？　師匠の労働力として片時も離れずに修業をする。バイトをする時間だってないのだ。月に一万といえども、簡単ではない。

それに対して、談志はこう言った。

「矛盾に耐えろ。矛盾に耐えることが芸につながるんだ。落語家になりたいなら、月に一万くらいの金、知恵を使えばなんとかなるだろう。さらに言えば、落語家に必要なものは、寒さと飢えだ。それを身体でわかっていないと、古典落語なんてとうてい語れない。昔は日本中が貧乏だった。だから寒さも飢えも経験できた。いまの時代に寒さや飢えはなかなか経験できるものではない。それをオレが経験させてやるんだ。ありがたいと思え」

私は、こんな乱暴な師匠のところに行きたいとは思わなくなった。

そこで新たな師匠探しを始めた。

毎日の寄席通い。スカスカの客席。覇気のない……わけではないのだが、談志の迫力ある落語を体験してしまうと、誰の落語を聴いても物足りなく感じてしまう。

談志の落語は麻薬だ。あんなにも好きだった寄席。あのどこか退廃的で楽しかった売れない落語家たちの落語が、苦痛以外のなにものでもなくなってしまった。

そんな私の前に、運命を変えてくれる人物が現れた。

放送作家の高田文夫《たかだふみお》先生だ。

高田先生は日大藝術学部落研のＯＢである。当時、ラジオの『オールナイトニッポン』でビートたけしさんと一緒に日本中の若者の心を摑《つか》みまくっていた。その大先輩が、数年ぶりに落研の夏合宿に遊びにきたのである。

「高田文夫がきた！」

落研の部長だった私は、高田先生を丁重に迎え入れた。オシャレな出《い》で立ち、颯爽《さっそう》とした雰囲気。トレードマークのギョロッとした目が怖かった。

「お忙しいところ、わざわざありがとうございます」

「本当だよ。忙しいのにさ。で、オレはどうしたらいいんだよ！」

「いま、落語の稽古をしていたので」

「稽古？　落語の？　どうせつまらないんだろ？」

「はい」

「まあ、いいや。とにかく落語をやって、オレを笑わせてくれよ」

「はい。先生がピィー笑うくらいがんばります」

「なんだい、そのピィーピィーって」

「先生の子どもの頃のあだ名にひっかけて――」

「おまえ、どこで仕入れてきたんだ。そうなんだよ、やたらピィーピィー泣くからピィーちゃんって呼ばれていたんだ……ってほっとけ！」

十五名ほどいた部員が順に落語を始めた。みな緊張してしまい、まともな落語などできない。先生は「つまらないなあ」「才能ないなあ」と容赦なかった。

「つまらなすぎてピィーピィーどころじゃないよ。誰かオレをピィーピィー言わせてくれよ」

私の番になり、『後生鰻《ごしょううなぎ》』という落語をやった。

信心に凝りすぎた隠居が、うなぎ屋の前を通るときに殺されるうなぎを見過ごせず、金を払って助け、店の前の川に逃がす、という噺だ。毎日うなぎを助けなければならなくなった隠居、これでは金が続かないと困り果て――。

「えー、ご隠居さん、店の前を通らないと神社に信心に行けないので、うなぎ屋のほうを見ないようにしておりました。すると、うなぎ屋のオヤジがでかい声で『そろそろうなぎを殺そうかな！』と叫ぶ。聞こえたからには助けないといけないってんで、ならばと次の日はヘッドフォンをして店の前を通った。なにを聴いていたかというと、般若心経《はんにゃしんぎょう》」

「ハハハハ！」

高田先生が笑い転げた。

落語が終わると、先生は言った。

「おまえは面白いなあ」

じつは私の落語は名人のコピーがほとんどだった。しかし、合宿に高田文夫がくるという噂《うわさ》があったので、先生好みのオリジナルギャグがたくさん入った落語を事前につくっておいたのだ。

高田先生は立川藤志楼《とうしろう》という高座名で落語をやっていた。

談志は立川流を創設した際、既存の落語家だけに任せておくと落語が滅んでしまうから、才能ある芸能人を弟子にとると言った。真っ先にビートたけしと高田文夫が手を挙げ、談志の弟子になった。続いて、上岡龍太郎《かみおかりゅうたろう》、横山《よこやま》ノック、山本晋也《やまもとしんや》、景山民夫《かげやまたみお》、赤塚不二夫《あかつかふじお》、団鬼六《だんおにろく》、ミッキー・カーチスらがこぞって弟子になった。

立川藤志楼の落語は、古典落語に現代のギャグをふんだんに入れて爆笑編につくりかえるというものだった。それをマネて、私は『後生鰻』という古典落語をつくりかえたのだ。

作戦は成功し、夕食の時間、高田先生が私に声をかけた。

「おまえだけだったな、才能があったのは。落語家になる気はあるのか？」

「はい、そのつもりです」

「何年かしたら、もっと髪の毛を短く整えてこざっぱりとしたおまえが、売れている姿が目に浮かぶなあ。で、誰の弟子になりたいんだ？」

私は考えた。おそらく二秒ほどだが、いろいろなことが脳裏を駆け巡った。

馬生師匠の亡くなる十日前の高座。

初めて見た池袋演芸場での談志の姿。

その後の寄席での談志のすごい落語の数々――。

絶対に「談志」という名前を出してはいけないと思った。だって寄席に出られないのだ。上納金をとられてしまうのだ。めちゃくちゃでおっかない師匠だ。

談志と言ってはいけない！

頭のなかで叫んでいたが、私の口から出た言葉は違っていた。

「先生と同じです」

高田先生の怖かった目に、優しさが溢れた。

「やっぱりそうか。いいセンスしているなあ。談志か！　よし、こんどオレが連れていってやる」

夏休みが終わり、私は高田先生の事務所を訪れた。

ニコッと笑って先生が言った。

「おお、来たか。談志師匠はＴＢＳでラジオに出ているらしい。そこに乗り込もう」

乗り込もう？

すでに話がついているなら、「談志師匠が待っているぞ、さあ、行くか」となるはずだ。

高田先生に連れられ、ラジオ局にやってきた。

ラジオブースのなかで談志が不機嫌そうな顔をしてしゃべっていた。

本当にこの人の弟子になるんだ。

子どもの頃、初めて聴いた金馬の『藪入り』が頭のなかでリプレイされる。

私が落語のレコードを聴いていると、母方の祖母が一緒に付き合ってくれて、「志ん生《しょう》《し》って人は面白いねぇ」とよく言っていた。

その祖母の前で落語を披露したこともあった。

「上手だね」

祖母はその昔、よく当たると評判の占い師に、「あなたの家系に、歴史に残る有名人が誕生するよ」と言われたことがあったらしい。もしかしたら末娘の亭主、つまりクラシックのギタリストである私の父親ではないか、と。でも、私が落語をやるようになってからは、祖母は、「きっとこの子だね、有名になるのは」と言うようになった。

五人の子どもがいた祖母は私の母親をかわいがり、祖父もまたこの末娘、富士子を溺愛していた。戦争で空襲があった際、亭主の姿が見えないと祖母が心配し、家族で捜し回った。寝ていた乳飲み子の富士子の姿も消えていた。しばらくすると何食わぬ顔をして祖父が帰ってきたのだが、両腕にはしっかりと富士子が抱かれていた。つまり、空襲だとわかったとたん、祖父は末娘だけを抱っこして逃げてしまったのだ。他の子どもたちは怒った。自分たちはどうでもいいのか、と。

とかく気の短い祖父で、静岡の浜松の人間なのだが、気性は江戸っ子そのものだった。私たちの家に遊びにきたときも、風呂が沸くのを待っていられない。風呂釜に火をつけたとたん、「沸いたか!?」と聞いてくる。「まだ沸いてませんよ、お義父《とう》さん」と父が答えた。その後も一分おきに、「沸いたか!?」と聞いてくる。しまいには、「もう、がまんできん!」と裸になり、風呂に飛び込んでしまった。風呂はまだ沸いていなかった。祖父は風呂から飛び出すと、「バカ!　冷たいじゃないか!」と怒鳴った。

そんなことを漠然と思い出しながら、ラジオの収録が終わるのを待った。談志はまったく違う話をしていたが、私には、まるで祖父や祖母の思い出話を談志がラジオでしゃべっているかのように変換されて聞こえていた。

ブースから出てきた談志は、私の存在などまったく目に入れず、高田先生に向かってつぶやいた。

「常識の範囲でしゃべると疲れるなあ」

「やっぱり師匠に合っているのは、『談志円鏡《えんきよう》の歌謡合戦』ですよ」

高田先生はかつて談志がレギュラーでやっていたラジオ番組の名前を出した。若き日の談志と月《つき》の家《や》圓鏡師匠が、全編アドリブでナンセンスなフレーズの応酬を繰り広げるという前衛的な番組だった。

照れ笑いを浮かべ、談志が言う。

「で、どうした？」

高田先生が私を前に引っ張り出した。

「こいつ、私の大学の後輩なんです。才能あるんです。どうしても師匠の弟子になりたいと泣きつかれたんで、一味に加えてやってください」

談志は二つ返事だ。

「おお、高田が才能あると言うなら間違いないだろう。じゃあ、ここに置いていけ」

「ありがとうございます。おまえ、しっかりやれよ。それじゃ」

私を置いて、高田先生はそそくさとラジオ局をあとにした。

突然飼い主に逃亡されたチワワのごとくおどおどそこに立ちつくしている私に、談志が言った。

「いいから、ついてこい」

談志はなにやら友達らしき人とトコトコ歩き出した。私はついていくのみ。

談志の後ろ姿を見ながら、うなじのあたりが評論家の山本益博《やまもとますひろ》に似ているなあと思った。というのも、数年前、件《くだん》の東横落語会で馬生追悼の会が催され、仲入り後、小さん、談志が中心になって鼎談《ていだん》が行われるはずだったが、どんな事情があったのか談志は帰ってしまい、代わりに山本益博が登場したのだ。幕が開いたとき、私は山本益博を談志だと思ってしまった。以来、テレビで山本益博を見ると、談志だと見間違えることがあった。記憶はこんがらがり、談志のうなじで山本益博を思い出すほど、私は緊張していた。

談志はしばらく歩き、目当てのバーの前で立ち止まると、私にメモを渡した。そこには住所が書かれていた。

「明日、朝の十時、ここにこい。今日はもう帰れ」

あくる日、私は地図を握りしめ練馬の小さなバス停に降り立った。その時点で、目指す先が談志の家だとは、まだわかっていなかった。ましてや数十年後、私がそこに住むことになるとは知るよしもなかった。

バス停の前は早実《そうじつ》のグラウンド。周りは畑だらけ。古びた酒屋が一軒あるだけで、商店らしきものは見当たらない。地図に従って歩くと、やがてスーパーマーケットが見えてきた。その先が目的地だとすぐにわかった。

正面玄関の上に、「立川談志の会」という看板が掲げてある。

インターフォンを押すと「なんだ？」という談志の声が聞こえてきた。たしかに談志の声だが、万が一もあるので、「談志師匠、いらっしゃいますか？」と尋ねた。

「誰だ？」

「昨日、弟子入りした者です」

すると、すごい剣幕で怒鳴られた。

「とっとと入ってきやがれ！」

玄関を開けると、トレパン姿のラフな談志が立っていた。

「掃除でもしておけ。そうだ、部屋を案内してやる」

一階には広めの書斎があり、落語や映画の本が所狭しと並んでいた。

「勝手に触るなよ。どうしても読みたいものがあったらオレに言え。場合によっては貸してやらないこともない」

そのほか一階には、リビングと衣装部屋もあった。衣装部屋といってもタンスがふたつあるだけで、あとはお中元やらなんやらといった贈り物が山のように積まれていた。

もうひとつ、玄関脇に三畳くらいの部屋があった。

「ここは前座部屋だ。荷物はここに置いておけ。着物をたたむ練習やなんかはここでやれ」

二階に上がると、応接間とベッドルームと和室、それと子ども部屋があった。子どもたちはとうの昔に引っ越して成人していたが、子ども部屋は当時のままであった。

寝室を覗《のぞ》くと、ベッドの上にかわいらしいライオンのぬいぐるみが置いてあった。

「これはドイツの空港で買ったライ坊ってんだ。かわいがっているから、いじめねえでくれ」

てっきり冗談だと思い、私はケラケラと笑った。談志は「なにがおかしいんだ？」という目つきで私をにらんだ。

後年、それがシャレではなかったことが判明する。

このライ坊の存在があまりにも面白いので、私は方々でネタにして話していた。

「いじめねえでくれって、ぬいぐるみですよ？　たまに師匠に怒られて腹が立ったときなんかは、ライ坊のことを蹴飛ばしてやったんです。あまりに蹴飛ばしすぎたので腹がやぶれて白い綿が出てきちゃって、それを誤魔化すために、腹巻をライ坊につけたんです。談志が『なんでライ坊は腹巻をしているんだ？』と言うので、『いえ、師匠、ライ坊が寒いんじゃないかと思って』『おお、そうか、気が利くな。ありがとう』って……なんだかわけがわからない」

すべてウソのつくり話だ。ライ坊はもともと腹巻をしていたし、蹴飛ばしたこともない。だが、兄弟子の談春《だんしゅん》がそのエピソードを面白おかしく自分のコラムに書いてしまった。

読んだ談志は激怒した。

談志から電話がかかってきた。

「おまえ、ライ坊をいじめていたんだな。破門だ――」

これには驚いた。その頃、私はすでに真打ちに昇進しており、弟子までとっていた。それが前座のときのエピソード、しかもつくり話で破門だとは。すぐに談志のところに飛んでいった。

「談春はウソつきですから！」と言って、ことなきを得た。

そのライ坊を談志から紹介され、しばらくは掃除などしていた。すると、談志がキッチンにこいと言う。

前掛けをつけた談志が料理をこしらえていた。

「昨夜のご飯が残っちまったから、これから冷や飯とパンの耳を使ったメシをつくる。まあ、見てろ」

そう言って、手際よく小麦粉を溶き、生卵を混ぜ、そこにパンの耳を浸した。別の容器にも同じように冷や飯を浸すと、これらをよく混ぜ、フライパンに油を引いてお好み焼きのようなものをつくりはじめた。ほかにはなんの具材も入っていない。焼き上がったパンの耳のお好み焼きとご飯のお好み焼きに、かつお節とソースをかけて完成だ。

「一口ずつ食ってみろ。どうだ、なかなかイケるだろ？」

正直、うまいとかまずいとかいう代物ではなく、ただ、炭水化物のかたまりにソースをかけただけの食べ物だった。それでも、なにか感想を言わないといけないと思った。

「師匠、ご飯のお好み焼きのほうが美味《おい》しいですね」

私がにこやかに感想を述べると、みるみるうちに談志の顔が不機嫌になっていった。パンの耳のお好み焼きのほうがおすすめだったのだろうか、と想像した。

掃除が終わって帰ろうとする私に、玄関先で談志が言った。

「さっきおまえ、ご飯のお好み焼きのほうがうまいと言ったな。おまえの感想や意見なんかいらねえんだ！　空間を埋めるような会話はするな。必要なときだけ聞いてこい。答えられる範囲のものだったら、なんでも答えてやる」

先ほどの不機嫌の理由がわかった。前座修業はすでに始まっていたのだ。

修業において、空間を埋めようとする会話は不要。いわゆる「いいお天気ですね」のような日常会話はいらない。なぜそのような会話が不要なのかというと、つまりは師匠に気を遣わせるな、弟子であるおまえが気を遣え、ということだ。

談志は言った。

「おまえがオレに惚《ほ》れて入門してきたんだ。ならば死ぬほど気を遣ってみろ！」

それからは毎朝、談志の家に行くのだが、何時に行けばいいといった明確なルールはなかった。前日に、「明日はいかがいたしましょう?」と聞いたら、「てめえで判断しろ！」

と怒鳴られた。かといって、好き勝手な時間に行くわけにもいかない。

兄弟子から漏れ聞いた情報では、まずは近所のスーパー、いなげやの前にある公衆電話から朝八時くらいに電話をかけてお伺いをたてろ、とのこと。すぐに電話に出ない場合はまだ寝ている可能性があるから、あまり粘らない。七、八回鳴らして、そこで師匠が出てくれればよし。出なければ、十分後くらいにもう一度かけ直す。電話に出ても、近所にいますと言ってはいけない。近くにいると言えば、師匠にプレッシャーがかかってしまう。だから、「本日のご予定は?」とだけ聞く。「昼にこい」と言われれば、近所の公園で時間をつぶす。逆に、「すぐにこい!」と言う場合もある。その時点で自分の家なんぞにいた日には、間に合わず大目玉を食らってしまう。だから、「すぐにこい!」と言われたら本当にすぐに馳《は》せ参じられるよう、いなげやから電話をするのだ。

談志に落語会などの仕事がないときは、解放されるまで家で掃除をする。掃除がすんでぼんやりしていると、「なにか家のなかの仕事を探せ!」と怒鳴られる。

ときには一度に十ほども用を言いつけられる。「ハガキを出しておけ」「枯葉をまとめておけ」「誰それに電話をしておけ」「セメダインの穴がふさがっているから、通しておけ」「新聞のどこそこを切り抜いておけ」「ガス屋に点検にくるように伝えておけ」「新聞の広告でメモ用紙をつくっておけ」「近所の猫が庭に入ってこられない手段を考えておけ」……云々《うんぬん》。

立板に水のごとく用を言いつけてくるから、メモしているヒマはない。ときに用件が聞きとれないこともある。

こんなエピソードを兄弟子に聞いた。談志が「爪切りを持ってこい！」と弟子に指示を出した。しかし、早口すぎて聞きとれなかった。数人いた前座たちはオロオロしたが、ひとりが「ハイ！」と答えてタンスの小物入れの引き出しを探しはじめた。当人はなにを探せばいいのかわかっていない。でも、師匠の命令だからと毅然《きぜん》とした態度で探していた。

察した談志が言った。

「おまえ、なにを持ってくるのかわかっているのか？」

「わかりません！」

当然ながら談志は怒った。

「リアクションだけとるな！」

こういった行為を、談志はとくに嫌った。

私の前座修業は基本はひとりだった。

というのも、私以外の前座は全員、築地《つきじ》の魚河岸に修業に行かされていたのだ。落語協会を脱会した談志一門は、新宿末廣亭、上野の鈴本演芸場、浅草演芸ホール、池袋演芸場――いわゆる寄席の定席に出演できなくなってしまった。もっとも談志に言わせると、「出られなくなったのではなく、意志を持って出ない」のであった。

談志は間違いなく寄席で育った。

「あんなこぎたねえ空間に、よく平気で長いこといたもんだよ」とうそぶいてはいたが、誰よりも寄席を愛していた。

寄席の給金は割り制で、たとえ客を満員にしても、興行の責任者である主任《トリ》ですら数千円というギャラ。後輩や三味線の下座《げざ》さんに祝儀をきったりするから、たいていは赤字だ。それでも落語家にとって寄席は神殿であり、心のよりどころであった。

談志クラスの売れっ子になれば、寄席なんかに出演しなくても困らない。でも、談志は寄席に出ていた。自分が主任のときはほかに仕事を入れず、寄席を大切にした。談志はこう嘆いていた。

「落語家たちは寄席が大切だと言っているが、ほかにギャラのよい仕事があると簡単に抜く（休む）。寄席が大切なら、よほどのことがないかぎり寄席に出るはずだ。簡単に抜くところを見ると、たまたまヒマだから出ているだけなんだ」

寄席に出なくても落語家は育つと思えたからこそ、談志は弟子を引き連れて落語協会を出た。もちろん、成り行きに任せた部分もあるのだろうが。

寄席に出なくなった談志一門だったが、現実は甘くなかった。

談志の姿勢に刺激を受けた若者たちが弟子入りした。多いときで前座が七、八人はいた。

問題は、この海のものとも山のものともつかない若者たちをどう教育するかだ。

寄席があれば、放り込めばよかった。みなが寄ってたかって落語家に育ててくれる。だが、その寄席がないのだ。

師匠のカバン持ちはひとりで十分。あとの弟子たちは、談志の家で留守番をするのみ。談志に仕事がない日は、その有象無象が自宅にウロウロしている。しかも、その多くは世間から「新人類」と揶揄された世代。ジェネレーションギャップに談志は参ってしまった。

寄席がないから、この世界のノウハウが身につかない。符牒《ふちょう》と呼ばれる業界用語も知らない。食べるは「のせる」。食べ物は「のせもの」。しかし、蕎麦《そば》の場合は「たぐる」と言う。蕎麦のことは「縄」と言う。金は「タロ」。祝儀は「しゅんたろう」。

こんな話がある。エレベーターのなかで談志が、談々《だんだん》という前座に「のせものはあるか？」と聞いた。クルマ移動をするから、車内で軽く食べる物を持ってきているか？という意味だ。しかし、この「のせもの」がわからない。パニックになった談々は、おもわず談志の頭に帽子を載せてしまった。

「しゅんたろうは用意してあるか？」という問いに、「石原《いしはら》ですか？」と答えてしまった弟子もいた。石原しゅんたろう……なわけがない。

談志のフラストレーションは溜《た》まる一方だった。

そこで、談志は筆頭弟子の桂文字助《かつらもじすけ》に頼んで、前座を築地送りにすることにした。文字助師匠は築地市場の顔で、魚河岸が活動の拠点だった。

「寄席の代わりに魚河岸で人間修業をしてこい！」

談々、関西《かんさい》、談春、志っ平《しっぺい》、それにまだ名前のない見習いがひとり。前座全員が魚河岸に出された。しかも無給である。談々は包丁屋。関西、談春は焼売《シュウマイ》屋。志っ平と見習いは居酒屋へ。

これで談志のフラストレーションは解消されるかと思いきや、前座がいなくなると、今度は身の回りの世話をさせる者がいなくなってしまった。それはそれで困る。

そこにひょっこりと入門してきたのが、私であった。

入門からしばらくして、談志が言った。

「親を連れてこい」

いちおう息子を預かるのだから、親の了解をとる必要がある、と。

私の親はともに音楽家だ。父親はギタリスト、母親は長唄の師匠。

普通の親なら談志を前にして恐縮してしまうところだが、私の親は平然としていた。私が「ここが師匠の家なんだ」と説明すると、緊張のそぶりさえ見せずに母親が言った。

「へえー、談志って大きな家に住んでいるんだねえ」

玄関のベルを鳴らし、家に入った。談志はいつものジャージ姿で顔を出した。

「師匠、うちの親です」

「ボヤッとしてねえで、はやく親御さんを応接間に案内しろ！」

談志の怒鳴り声が家中に響いた。

両親を応接間に案内して、私は隅っこに立った。まもなくジャージ姿の談志は笑顔で入ってくると、挨拶もなしに切り出した。

「倅《せがれ》さんを預かります。これは就職じゃなく、修業なんでね」

「はい。ものすごく才能があるんですよ、うちの息子は」

母親はノー天気なままだった。父親はパイプをくわえながら、「ふおっ、ふおっ」とバルタン星人みたいに笑った。

談志は続けた。

「こいつ、落語家にするしかしょうがないでしょ」

「そうなんですよ！」

これには談志も面食らったらしく、何年か経《た》ってからも、このときのことをよく口にした。

「おまえのおっかさん、すげえよなあ。『落語家にするしかしょうがないでしょ』と言ったら、『そうなんですよ！』と答えるんだからなあ」

普通なら、とりあえずは「いえいえ」と謙遜するのが日本人の美徳だろう。それを天下の談志に向かって、「そうなんですよ！」と答えた母親。あいかわらずバルタン星人の父親。そこにきて、談志の言葉を「こいつは落語家になるために生まれてきたんだ」と変換して大喜びしている私がいた。

両親が帰ったあと、談志は遠くを見つめてつぶやいた。

「親だけは大事にしろよ」

これで私は晴れて談志の弟子となった。

「高田に聞いたんだが、おまえ、まだ大学に行っているんだってな」

弟子入りをして数日後、談志に聞かれた。

高田先生に夏休みが終わったら談志のところに連れていってやると言われ、そのまま弟子入りをしたまではよかったが、私はまだ大学四年生だった。学生の身分のまま、弟子入りしてしまったのだ。そのことに気づいた高田先生が、「あいつ、まだ学生なんです」と談志に伝えてくれたのであろう。

私は正直に申告した。

「はい、日大藝術学部の四年で、卒論で馬生師匠について書いています」

一年では演劇学科に在籍していたが、落研の活動が忙しすぎて、二年の時点で文芸学科に転科していた。

「そうか。まあ、大学だけは卒業しとけ」

かくして現役大学生のまま前座修業がスタートしたが、忙しすぎて大学に行く時間はなかった。

おまけに私はまったくの放任主義のもとで育ったので、家事もなにひとつできなかった。

掃除機というものがこの世にあるということは知っていたが、使ったことがなかった。

スイッチを入れて力任せに掃除機を這《は》わせていたら、談志のカミナリが落ちた。

「バンバンと掃除機を床に叩《たた》きつけるな！　そっとやれ、そっと！」

掃除機を使ったことがない人間に、洗濯機が使えるわけがない。

「師匠、洗濯機ってどうやって使うんですか？」

談志はたくさんの弟子をとってきたが、洗濯機の使い方を聞かれたのは初めてだっただろう。

「明日の仕事は泊まりになるから、替えのパンツを丸めてカバンに入れておけ」

「へい！」

私はパンツをぎゅっと丸めてボールのようにしてカバンに入れた。

「ワイシャツをたたんでおけ」

二十分かけてたたんだワイシャツは、新巻鮭のような姿になっていた。

「家のなかをドタドタ歩くな！」

まさか歩き方まで怒られるとは思っていなかった。以来、談志の家をそろりそろりとコソ泥のように歩く私であった。

「食い物は粗末にするな」

談志は打ち上げで料理があまると、タッパーウェアに残りものを詰めて持って帰るのが常だった。

ときおり店側が食中毒を気にして持ち帰りを断ると、

「てめえのところは、客が腹を下すようなものを食わせているのか！」と怒った。

談志の家には冷蔵庫が五、六台あった。もらい物はかたっぱしから凍らせて、のちに解凍して食べていた。

談志曰く、

「常に古いものから順に解凍して食ってるから、オレは新しいものを食ったことがない」

この食に対するこだわりは、やはり戦争体験者だからであろうか。

「近頃の連中は食い物を粗末にしすぎる。ちょいとばかり腐りかけた食い物があったとする。食って腹を下すのと捨てるのとで選択を迫られたら、オレは腹を下すほうを選ぶ」

入門して三週間ほど経った頃、談志が言った。

「高田が面白いと言った落語をやってみろ」

場所はリビング。談志は不安定な木製の丸テーブルに腰掛けた。南国の民芸品みたいなテーブルで、おそらく誰かにもらったのだろうが、ゆらゆらするので食事も落ち着いてできない代物だった。イスもテーブルと同じ材質で、背もたれが細く座高よりも高い。おまけに驚くほど重たかった。もっと使い勝手のいいテーブルセットを購入すればいいのだが、談志には新たに購入するという発想がなかった。そのテーブルの上でくさやにかぶりつきながら、談志は私に落語をやってみろと命じた。

高田先生がひっくり返って笑ってくれた『後生鰻』を床に正座して語りはじめたが、三分もしないうちに止められた。

「ああ、わかった。素人芸だ」

素人のときに覚えた落語だから、あたりまえである。

「最初は『道灌《どうかん》』という落語からスタートするんだ。なんでもいいから『道灌』におまえが面白いと思うギャグを入れて持ってこい」

そう言うとまた、くさやにかぶりついた。

あくる日、私は書斎で仕事をしている談志に、「『道灌』を覚えてきました」と伝えた。

「え？　おお、早いな。そうか、よし聴いてやる」

今度は前座部屋だった。談志はあぐらをかいて、私の落語を聴いた。『後生鰻』と同じように藤志楼ばりのギャグを詰め込んだ『道灌』を演じた。あらかた聴いたところで、談志は困ったような表情を浮かべながら言った。

「おまえは（林家《はやしや》）三平《さんぺい》さんになりたいのか、それともオレになりたいのか？」

「師匠のようになりたいです」

「じゃあ、ギャグを入れることは忘れろ。オレがこれから本物の落語を教えてやる」

あぐらをかいたまま、談志はトーンを落とし淡々と『道灌』を語りはじめた。高座で見る迫力のある談志の落語とは、まったく違っていた。静かで、でも鬼気迫る本物の落語。これが落語の原点なのかと思った。

時間にして約三十分。語り終えると、談志は言った。

「これをそのまま覚えてこい。明日の会でそれをやってみろ。ただし、持ち時間は十分だ」

落語界のルールでは、ある師匠に教わった落語はその師匠にきちんとあげてもらう必要がある。つまり、覚えたあとにもう一度、師匠の前で語って直してもらい、それで初めて高座にかけることができる。しかし、その「あげ」を省き、いきなり明日、高座にかけてみろという。

しかも持ち時間は十分だ。早口でやればいいのか？　いや、自分で編集をしてみろ、ということだろう。その日うちへ帰ると、ストップウォッチを片手に『道灌』の稽古に勤《いそ》しんだ。

翌日、談志の着物と、浅草の古着屋で急遽《きゆうきよ》三千円で購入した自分の着物を抱えて、練馬の自宅を出発した。この頃の談志はクルマをいっさい使わなかった。タクシーも使わない。極力、バスと電車だ。

池袋に着くと、談志は西武《せいぶ》デパートの地下の入り口前で、「買い物があるから、おまえはここで待っていろ」と言い残し、店内に消えていった。

私は言われたとおり、『道灌』の稽古をぶつぶつやりながら、その場で談志の戻りを待っていた。しかし、いつまで経っても談志が戻ってこない。

高崎に行くには上野から特別急行に乗らねばならない。発車時刻が迫ってきた。上野から乗る電車は決まっているので、とりあえず上野へと向かった。ひとり山手線に乗り、はたしてこれでよかったのだろうか、いまごろデパートの前で「なんで待ってねえんだ！」と激怒している談志がいるのではないか……などと不安に駆られながら上野に到着した。

まもなく出発の時間だ。乗り換えホームに行くと、特別急行の発車のベルがけたたましく鳴っていた。電車の入り口から半身を出して、談志のマネージャーにして所属事務所の社長でもあった談志の実弟、松岡由雄《まつおかよしお》が「早くしろ！」と怒鳴っている。私は電車に飛び乗った。

「このバカ！　なにやってんだ！　師匠はとっくに到着しているぞ！」

私はすぐさま談志の席に駆け寄り、「申し訳ございませんでした」と頭を下げた。談志は目も合わせずに言った。

「ちゃんと出口で待っていろと言ったろ。どこに消えちまったんだ」

私はずっと同じ場所にいた。マネージャー曰く、談志は西口から入り、東口から出ていったらしい。私が東口にいるわけがない。

いくらなんでもこれは私のしくじりではない。こんな理不尽なことで怒られたらたまらない、とマネージャーに不満をぶつけた。マネージャーは「修業なんだからしかたない」とつぶやいた。

電車が高崎に到着した。

会場は県民会館。「談志小朝《こあさ》ふたり会」で、観客はなんと二千人だ。

私はまだ楽屋での作法なぞ、まったく教わっていなかった。しかし前座なので、師匠連の着物の着替えの手伝いをしなくてはいけない。春風亭《しゅんぷうてい》小朝師匠の着替えを手伝おうとすると、優しく断られた。

「やらなくていいよ」

その物言いが談志のそれとはあまりに違っていてなんて親切なんだと思ったが、そういう話ではない。こんなド素人に大切な着物を触られたくなかったのだろう。

私自身、着物に着替えたのはよかったが、履き物を持ってきていなかった。初高座のことで頭がいっぱいで、雪駄《せった》まで意識が回らなかったのだ。しかたなく着物姿に運動靴という出で立ちでいると、「履き物は？」と小朝師匠に聞かれて、「忘れちゃいました、へへ」と返す始末だ。

マネージャーには、「師匠に見つかる前にスリッパでも借りてこい！」と言われた。普通に考えれば会場スタッフにでも相談すればいいのだが、私はなにを血迷ったか、トイレのスリッパを雪駄の代わりにしてしまった。安物の着物をだらしなく着て、便所のスリッパを履いているなんて、ほとんど入院患者である。

初高座のときがきた。

「お先に勉強させていただきます」

談志と小朝師匠に挨拶をして、私は高座に上がった。

幕が開き、出囃子が鳴り響くと、すさまじい拍手が湧き起こった。

東京の落語会であれば、前座に大きな拍手が起こるなんて現象はまず起きない。前座はあくまでも雑用のついでに勉強で高座に上がっていることを客の大半が認識しているからだ。しかし地方都市になると、落語イコール面白いものであり、最初の前座から盛り上がってしまうのだ。

客は全員、私がまだ高座名もなく、入門してひと月の若僧であるなんてことを知るよしもなかった。近頃の前座になると度胸があって、「えー、本日が初高座です！　よろしくお願いします！」なんてアピールをして客を味方にしたりする者もいるが、私は教わったとおり、「えー、お笑いを申し上げます」とだけ言って、『道灌』を始めた。

十分間、一度も笑い声は起こらなかった。それどころか、客席はお通夜よりも静かだった。

きっちり十分で高座を終えて、舞台袖に戻った。次の出番の小朝師匠と談志が待ちかまえていた。あまりにウケなかったからどれだけ談志に叱られるかと思いきや、談志は恵比《え》《び》寿顔《すがお》であった。

「それでいいんだ！　おまえほど上手い前座を見たことがない！　オレが教えたとおり、そうやってやればいいんだ。本当におまえ、上手いなあ。小朝、そう思うだろ？」

談志のはしゃぎぶりに圧倒された小朝師匠は、ただ「はぁい」とだけ言葉を発した。

なんだかわからないが談志にほめられた。

その夜、意気揚々と帰宅した私は、カバンから出てきた便所のスリッパを見て、己が落語の登場人物になったみたいだなあ、とひとり声をあげて笑った。そして、泣いた。

これ以来、談志はことあるごとに私をほめてくれた。

新宿末廣亭の席亭に、「こやつは五年後に小さな天下をとる」と紹介してくれたこともあった。驚いた席亭が聞き返した。

「この子が、小さな天下をねえ。でも師匠、大きな天下は誰がとるんです？」

「オレに決まっているだろ」

「いや、もうとっているじゃないですか」

師匠立川談志、四十九歳。

弟子の私は、二十二歳。

一九八五年、暮れの話であった。

第二章

立川流の前座修業における二つ目昇進の基準は、古典落語を五十席、講談の修羅場《ひらば》、寄席の太鼓、歌舞音曲をマスターすること。年数は問わない。

この「年数は問わない」が画期的だった。

従来の前座修業は年数がだいたい決まっていて、三年から五年で昇進するのが常。落語の腕は問われない。つまり前座は年季奉公のようなもので、師匠の身の回りの世話、楽屋仕事をひととおり覚えればよく、その年数は早くて三年、長くても五年あれば十分であろう、というのが落語界における共通認識だった。

それを談志が壊した。二つ目とは真打ちの前の階級であり、師匠の雑用、寄席の楽屋仕事から解放され、一人前の落語家としての活動が許される。であれば、二つ目に昇進するにあたって明確な基準が必要ではないか。落語立川流を創設した際に、談志は新たな昇進基準を提示したのだ。

談志は言った。

「月に二席落語を覚えろ。二年で四十八席、盆暮れ入れれば五十席。これで二つ目に昇進できる」

私は希望に燃えてこの世界に飛び込んだ。だからこの基準になんら疑問を持たず、それどころか、月に四席覚えれば、たった一年で二つ目に昇進できる！　と思い、それを実行すべく修業生活をスタートさせた。

だが、現実はそんなに甘いものではなかった。


兄弟子の談春と最初に会話をしたのは、初高座直後のことだ。

彼がよもや終生のライバルになるとは夢にも思わなかった。第一印象は、いいかげんでやる気のない若者でしかなかったからだ。

談志が泊まりがけで地方の仕事へ行くことになり、私は駅のホームまで談志を見送った。築地の仕事を終えた談春も見送りにきた。談志を見送ったあと、この兄弟子に誘われて喫茶店に入った。

場所は池袋。談春は一年半上の先輩だが、年齢は私の三歳下だ。坊主頭で、醒《さ》めた目つきが怖かった。当時まだ十代とは思えない凄《すご》みがあった。

談志は私の前で嘆いていた。いまの前座たちはダメなやつばかりだ、落語をまったく覚えようとしないと。私は、なぜあこがれの立川談志の弟子になれたのに落語を覚えようとしないのだろう、と思っていた。

その疑問を談春にぶつけてみた。

「ねえ、兄《あに》さん。なんで落語を覚えないんですか？」

「めんどくせえよ」

「めんどくせえって……」

私は、この人は談志が言うように心底ダメなやつだなと思った。しかし、じつはこの発言はただの照れ隠しだった。のちに私はこの男の才能に驚くこととなる。

「師匠のうちに行こうか。おまえ、合鍵持ってるよな」

「はい。なにかあったときのためにと、先ほど預かりました」

「それはありがてえ」

そう言うと、談春は席を立った。なにか談志に言われた用事でもあるのかと思い、私は行動をともにした。

師匠の家に着くと、談春は勝手知ったる自分の家のようにテレビを見たり、本を読んだりして、ゴロゴロしはじめた。

「おい、腹減ったな。そこの棚にラーメンがあるから食うか？　そうだ、庭に深谷《ふかや》の泥ネギが植えてあるから持ってこいよ。師匠はさ、もらい物のネギが長持ちするように、ネギを庭に埋めているんだ」

私は懐中電灯を照らし、庭に埋まっていた泥ネギを掘り起こし、談春に渡した。

「ねえ、兄さん。このこと、師匠は知っているんですか？」

「知るはずねえだろ。バレたら破門だよ」

この兄弟子は師匠の留守宅にちょくちょく侵入しては、ひとときの休息を楽しんでいたのだ。

冗談じゃない。こんなことで破門されたらたまったものではない。

「私はもう帰ります！」

「帰っちゃうのか？　ラーメン二人前、鍋に入れちまったのに。まあ、いいや。じゃあ、お帰り」

「失礼します！」

逃げるように帰る私の耳に、台所でネギを刻む音が聞こえてきた。

入門してひと月半ほど経ったある日、談志が言った。

「志《し》らくという名前にしたぞ」

レポート用紙にサインペンで「志らく」と殴り書きされている。

「この間、フランスに行ったとき、パリの市長でジャック・シラクってえのがいてな。親日家で頭のいいやつで、まちがいなくいつか大統領になる男だ。その名前をおまえにつける。日本で無名でも、フランスに行けば有名人だぞ」

前座の立川志らくとなった私は、あいかわらずドジの連続だった。おまけに気が利かない。それまでの人生で他人に気を遣うということをしてこなかった。

談志はのべつ言っていた。

「オレに惚れたのなら、死ぬ気で気を遣え！」

風邪で熱があるから今日はお休みさせてください、なんて電話で言おうものなら、

「もしおまえが紅白歌合戦の司会を頼まれていたとして、風邪をひいたぐらいで休むか？アカデミー賞の主演男優賞を受賞したとしたら、風邪で授賞式を休むか？」

喩えが突拍子もなくてまったく想像できなかったが、「休みません」と私は答えた。

すると談志は、「ワナにかかったな」という顔で、こう言うのだった。

「つまり、おまえにとっての修業は休んでもかまわない程度のことなんだ。明日からもうこなくていい」

「すぐに行きます！」

ふらふらになって馳せ参じると、談志は、「オレに風邪をうつすなよ」とだけ言って書斎にこもってしまった。

おまけに後日、マネージャーに、「あいつ、風邪をひいてるのにうちにきやがるんだ」

よ」

と愚痴をこぼしたという。

「師匠に風邪をうつしに行くバカがどこにいる！」

マネージャーは私に剣突くを食わせた。

「だって、こないと破門だって師匠が言うんです」

「バカ！　学校じゃあるまいし、電話で風邪をひきましたなんて言うやつがあるか。とりあえずマスクして家に行くんだよ。師匠のほうで気がついて、家で寝てろと言ってくれるよ」

次は絶対そうしようと心に誓ったが、ウイルスも談志が恐ろしくて顔を出せなくなったのか、以降、前座時代に風邪をひくことはなかった。

かと思えばある日のこと、あらかた師匠宅の掃除が終わってぼんやりしていると、「やることとないのか？　もう帰ってもいいぞ」と珍しく笑顔で言ってくれたことがあった。

過酷な修業の毎日だ。たまにはのんびりしろという談志の優しさだと受けとった私は、「ありがとうございます！」と声をあげて家に帰った。

しばらくして談志から電話がかかってきた。

「はい、志らくです」

「もうおまえはこなくていいからな」

「……え!?」

「やることがないなら帰ってもいいとたしかにオレは言ったが、帰ってもいいということは、いてもいいということだ。おまえはオレといることを拒否した。それも熟考したわけではなく、反射神経で拒否した。それがおまえの本心ということだ」

そこで電話を切られてしまった。

血相を変え、ふたたび師匠宅へと舞い戻る私。

談志は私の顔を見るなり、「なにしにきたんだ?」と吐き捨てた。

「あのう、お掃除を……」

「掃除はもうすんだだろ」

「はい」

「じゃあ、掃除じゃないじゃないか」

「掃除する場所を探します!」

我ながら完璧な返しだと思った。

「バカ野郎! ならば最初から探せ」

「はい」

「ところで、おまえは掃除のプロになりたいのか?」

「いえ、落語のプロに」

「なんで掃除をさせているると思っているんだ?」

「師匠ひとりで掃除をするのは大変だから、弟子がお手伝いを……」

「なに言ってんだ？　掃除くらいオレひとりでできるぞ。いいか、オレに気を遣わせるな。おまえがオレを快適にすることを考えろ。オレひとりを快適にすることができないで、客を快適にできるか？　修業とは、そういうものなんだ」

それ以来、「帰れ！」と言われるまではなにがなんでも帰らないようにした。談志がなにを求めているかを考えるようになった。

しかし、考えすぎて失敗することもあった。

初めて地方公演にお供で行った際、談志がアイマスクを忘れてしまった。

「おまえにカバンに入れておけと言うのを忘れていた。オレはアイマスクをつけないと寝られないんだ。そのことを覚えといてくれ」

落語会が始まるまで時間があったので、私はこっそり薬局にアイマスクを買いに行った。

「すみません、アイマスクありますか？」

「ちょうど品切れでね。でも、代わりの商品がありますよ」

「代わりの商品？」

「最新の商品ですよ。冷たいアイマスク。目に貼るとひんやりして気持ちいいですよ。二十枚入りです」

「じゃあ、それください」

きっと談志は喜ぶに違いない。アイマスクがなくて不便なところに、さりげなくアイマスクを購入しておき、それがひんやりとして気持ちいいとくればパーフェクトだ。

落語会が終わってホテルに到着した。談志の部屋まで荷物を運び込むと、「もう部屋へ戻ってもいいぞ」と言われた。

戻ってもいいということは、部屋にいてもいいということなのかと一瞬思ったが、いくらなんでもホテルの部屋に居残られたら気味が悪いだろう。

「はい、では失礼します。……あっ、あの」

「どうした？」

「アイマスクを買っておきました」

「そうか、ありがとう」

「で、最新式のアイマスクなんです」

「最新式？」

「これです」

「使い捨てのアイマスクか」

談志はそう言いながら袋から取り出すと、アイマスクを目に貼り付けた。が、しばらくすると悲鳴をあげてそれを剝がし、投げ捨てた。

「なんだこれは！　目がヒヤヒヤするじゃないか！　おまえ、これはアイマスクじゃねえぞ。サロンパスだ！」

いいや、サロンパスではない。まちがいなくアイマスクだった。しかしこの件以来、私は、「談志の目にサロンパスを貼った弟子」になってしまった。

帰れと言われるまで師匠宅から帰らないと決めていた私だが、その掟《おきて》を破ってしまったことがある。

その夜、テレビでチャップリンの映画『独裁者』が放送されることになっていた。まだレンタルビデオなど普及していない時代だ。私はチャップリンが大好きだったので、放送が見たくてしかたなかった。しかし、何時に解放されるかは談志の気分次第である。

師匠宅から私が間借りしていたアパートまで、バスと電車を乗り継げば三十分ほど。ただ、バス代がもったいないので、電車の駅まではいつも歩いていた。なので帰宅までに一時間はほしい。二十一時からの放送だったので、二十時までに師匠宅を出れば間に合う。

だが、二十時になっても談志から解放の言葉は出なかった。がまんできず、私はついに談志に言ってしまった。

「師匠、掃除はすみました。なにかほかにご用がなければ、今日は帰らせていただきます」

「おお、いいよ。帰りな」

帰り道、きっとまた、「もうこなくてもいいぞ!」と怒られるだろうなと思った。でも、こなくてもいいと言われたら、「きてもいいんですよね?」と言って、行ってしまえばいいんだと、なかばやけくそになっていた。

家に到着すると同時に、『独裁者』が始まった。

映画のクライマックス、有名なチャップリン扮《ふん》するヒトラーもどきが世界平和を訴える場面に差しかかったところで、電話のベルが鳴った。このけたたましい鳴り方は談志だとすぐにわかった。もちろん、ベルの鳴り方が電話をかけてきた人によって違うなんてことは、ありえない話ではあるが。

「はい、志らくです」

「オレだ」

やはり談志だ。なにやら怒っているが、私の耳はテレビから流れてくるチャップリンの演説に夢中だった。談志がなにを言っているのか、まったく耳に入ってこない。

「はい、はい」と生返事していると、談志が怒鳴った。

「チャップリンなんか見てるな!」

そこで電話が切れた。

きっと明日、破門だと言われるんだろうな。どうしてチャップリンを選択してしまったんだろう。その晩はほとんど眠れなかったが、夢を見た。私がヒトラーになって、ユダヤ人の談志の前で演説するのだが、やがてその演説が落語になり、ユダヤ人に稽古をつけてもらうという、わけのわからない内容だった。

あくる日、おそるおそる師匠宅へ行った。談志は私の顔を見ても、なにも言わなかった。私は完璧に嫌われたと思って、落ち込んだ。

しばらくして談志が言った。

「おい、志らく」

やはり破門か。どう言って、この難を逃れようか。

「はい」

「おまえ、チャップリン好きなのか」

「はい、小学生の頃から大好きで、短編を含めると六十本以上、観ています」

「チャップリンもいいが、マルクス兄弟も観ておけよ」

マルクス兄弟というのは、チャップリン、キートン、ロイドのあとにスターとなったアメリカのコメディアン兄弟のことだ。

この日以来、談志は私に映画の話をしてくれるようになった。

談志に、落語をほめられ、映画好きということも伝わり、順風満帆な前座生活と言いたいところだが、まだまだしくじりは続いて——。

「志らく！　宅配便が届いたようだが誰からだ？　（橘家《たちばなや》）圓蔵《えんぞう》からか？」

「はい、圓蔵からです！」

「おまえが圓蔵と言うな！」


「作家の吉川《よしかわ》 潮《うしお》くんに手紙を書くとメモしておいてくれ」

「はい、メモしました」

「おい！　どんなメモなんだ！　吉川潮だぞ。吉川牛男って、そんな名前のやつがいるか！　みなに言いふらすぞ」

後日、吉川潮先生本人に会うと、

「おまえか、オレのことを牛男と言った前座は」

談志は私のしくじりを、本当に言いふらしていたのだった。


新幹線の車内でのこと。

降車する際、網棚から着物の入った荷物を下ろそうとして手が滑り、落としてしまった。荷物は通路に立っていた談志の後頭部にぶつかり、談志は前のめりに倒れた。談志はゆっくりと起き上がって一言。

「これがイヤがらせならば完璧だ」

札幌に落語会で行った帰り、主催者からお土産に新巻鮭をもらった。談志の着物と自分の着物とが入ったふたつのカバンに新巻鮭を抱えたまま、私は羽田空港から談志とともに電車に乗り込んだ。浜松町に着くと、夕方のラッシュ時。山手線の車内では、鮭のアタマが隣りのサラリーマンの顔面に突き刺さった。こんな迷惑な乗客もいない。

新宿駅に着き、談志を見失わないように歩みを速めた。談志はまったくおかまいなしに歩いていく。改札前で力尽きて、鮭を落としてしまった。新巻鮭は勢いよく滑り、談志を追い抜くと、改札口から飛び出してしまった。

群馬県の下仁田《しもにた》に行ったときのお土産は、地元の名産品のこんにゃく。その数がハンパじゃなかった。段ボール一箱分あった。

先方は宅配便で送ると言ってくれたが、談志は断った。

「むだな金を使うことはない。こういうときのために弟子を連れてきたんだ」

かくして私は段ボール一箱分のこんにゃくを持って帰ることになった。

カバンに入れやすくするため、段ボール箱はバラした。さらにカバンに入っていた自分の着物を外に出して、談志の着物カバンに押し込んだ。そして空になったカバンにこんにゃくを詰め込んだ。大きなカバンがこんにゃくでいっぱいになった。

駅のホームで電車を待っている間、ベンチの前にこんにゃくのカバンを置いた。電車がホームに滑り込んでくると、談志はおもむろに立ち上がったが、足元のカバンに足をとられ、その上に尻もちをついた。カバンのなかには大量のこんにゃくが入っていた。尻もちをついた談志はボヨヨーンと弾んだ。

修業中だというのにぎっくり腰になってしまった。

かろうじて歩くことはできる。しかし、腰を曲げると激痛が走る。

当時、談志もぎっくり腰に悩まされていた。この日以来、私もたびたび悩まされることになった。

その日は高崎で談志独演会があった。以前、私が初高座を踏んだ場所。あのときは談志にほめられはしたが、客は静まり返っていた。そのリベンジに燃えていたのに、ぎっくり腰である。

だましだまし談志のお供をして楽屋入りをした。

ここで問題が生じた。

どのようにして着物の着替えを手伝えばいいのだろうか。

普通なら正座をして着物を整え、帯や足袋を手渡し、立ち上がると背後から着物をかぶせるようにして肩に乗せる。立ったり座ったりしてする作業が多い。ぎっくり腰ではとうてい無理な動作だ。

そこで私は、立ったり座ったりする動作を省くため、楽屋内のあらゆる高いところ——ロッカーの上や窓のへりなどに、足袋や帯、下着などをあらかじめ配置した。これで腰を曲げずにすむ。

いざ着物に着替える段階になると、あまりに不自然だった。私は直立の状態のまま、へんな場所から帯などを取り出し、談志に手渡すのだ。

「おい、どうしたんだ?」

「ちょいと腰を痛めまして。申し訳ないです」

その場はなんとかやりすごしたが、まだ問題があった。自分の高座だ。落語を一席やらないといけない。

出囃子が鳴ると、私は腰に負担がかからないようちょこまかと登場し、座布団に座った。お辞儀ができないので、しかたなく軽く会釈をする。客からしたら、無礼な前座である。

落語はなるべく動きが少なくてすむ『狸《たぬき》の札《さつ》』という噺にした。

噺が始まってすぐ、ある困難にぶつかった。『狸の札』という落語は、子どもたちにいじめられていた子狸を助けた八五郎《はちごろう》のもとに、その狸が恩返しにくるという噺だ。子狸を演じる際は、身体を小さくして相手を見上げるようにしなくてはならない。だが、小さく屈《かが》めないのである。

できないものはしかたがない。私は背筋をピーンと伸ばして、直立不動のかたちで子狸を演じた。妙な狸だ。当然ウケない。

談志も言った。

「あんな姿勢のいい狸がいるか？」

「腰が痛くて曲がらないので……」

「ならば、ほかの噺をやりゃあいいじゃないか」

至極もっともな話である。

帰り道、高崎駅で限界がきた。

行きよりも荷物が増えていた。お土産である。

「師匠、すみません。じつはぎっくり腰なんです」

「そうか、オレもしょっちゅうやっているんだ。こればかりは精神力でどうこうできる話じゃないからな。よし、荷物を持ってやる」

涙が出るほどありがたかった。しかし、談志が手にしたのはお土産の入った紙袋ひとつだけ。

もう一歩も歩けないと途方に暮れていると、マネージャーが荷物を持ってくれた。

ご存じ、談志の弟である。

「これは貸しだからな」

兄が兄なら、弟も弟だ。貸しの意味がまったくわからなかった。


入門して半年が経った。

師匠宅に通うのが日常になってきたある日のこと。

「話があるから、そこへ座んな」

談志の口調がいつもより優しい。ただならぬことが起こるなと予感した。

言われるがままにリビングの床に正座をした。

「高田が才能があると言うから弟子にした。だが、前座としてまったく使えない。おまえも築地に行け。おまえだけ特別というわけにはいかない」

淡々とした口調で、それがかえって恐怖に感じられた。

師匠には逆らえない。師匠の言うことは絶対というのがこの世界の常識である。

だが、待てよ。こんなことがあった。

その年の正月、酒に酔っ払った年配の弟子が談志にこう言った。

「師匠は絶対なんですよね。白いものでも師匠が黒だと言えば、黒になっちゃうんですよね」

ほかの弟子たちはその言葉におおいにうなずいた。

談志の盟友の五代目三遊亭圓楽《えんらく》師匠のこんなエピソードがある。圓楽師匠が弟子に黄色い着物があるから持ってこいと命じた。弟子がタンスを開けてみたが、どこにも黄色い着物は見当たらなかった。

「師匠、黄色い着物はございませんが」

圓楽師匠はみるみる機嫌が悪くなり、「絶対にあるからよく探せ！」と怒鳴った。

だが、タンスのすべての引き出しを開けて調べても黄色い着物はない。

「やはり黄色い着物はございません」

圓楽師匠は「あるんだ！」と怒りながらタンスの引き出しを開けた。そして茶色の着物を指差して、「あるじゃないか！」と怒鳴った。

「いや、師匠、それは茶色の着物でございます」

「うるさい！　これが黄色い着物なんだ！」

なにを勘違いしたのかは知るよしもないが、師匠が黄色と言えば、茶色も黄色になってしまうのがこの世界なのだ。

「師匠は絶対ですよね」

そう言った弟子に対し、談志はしばらく考えていたが、おもむろに口を開いた。

「いや、違う」

「……え？」

「いいか。師弟の関係といえども、ケースバイケースだ」

口火を切った弟子が食いさがった。

「そんなことはないですよ。師匠の言うことは絶対ですよ」

「ならば聞くが、おまえの女房とヤらせるか？」

「えっ!?」

「どうだ？」

「いや、あの……ダメです」

「ほれみろ。ダメだろ？　師匠が絶対ならばヤらせるはずだ。それを断るってえことは、やっぱりケースバイケースなんだ」

正月にする会話ではない。でも、立川談志はすごい人だとあらためて感心した。

その記憶がこびりついていた。つまり師弟関係はケースバイケースだ。師匠の言うことは絶対ではない、と談志自身が教えてくれた。

だったら、この築地行きの言葉も拒否していいのではないか。

とっさに言ってしまった。

「いやです！」

談志は一瞬驚いた表情を見せた。

「師匠の命令が聞けないのなら破門だ。やめてもらう」

淡々とした口調から一変して、感情的にそう言い放った。

私は追い込まれた。まさか「破門」という言葉が出てくるとは夢にも思わなかった。ケースバイケースの話をしようかと思ったが、破門という言葉を聞いて、パニックになってしまった。冷静な言葉はなにひとつ出てこなかった。ただただ感情にまかせて、つぶやいていた。

「破門もいやです」

談志が言葉を失った。

窮鼠《きゅうそ》猫を噛《か》むではないが、弟子の最後の反撃に師匠はひるんだ。ほんの数秒ではあるが、私にはそれが永遠の時間のように感じられた。

絞り出すようにして談志は言葉を発した。

「両方いやならしかたがない。じゃあ、いままでどおりそばにいろ」

ただ、談志はこの展開をずっと待っていたのかもしれない。

築地に行ったまま帰ってこない弟子たち。

「あいつらは築地が快適なんだ。状況が不快ならなんとかするはず。なにもしないところを見ると、快適だと思わざるをえない。たとえばだ、あいつらをベトナムに置き去りにしたとする。半年後には立派なベトコンになっているはずだ」

そう言わざるをえない師匠としての悲しみ。なんでオレに食らいついてこねえんだという怒り——。

私のとった行動はわがままではなく、談志が望んでいたことなんだ。のちに私はそう思うようになった。

しかし、周りはそうは思わない。

築地行きを拒否した生意気な弟子。

一門の兄弟子たちから私は総スカンを食らうことになる。

築地を嫌った弟子、というレッテルも貼られてしまった。築地の魚河岸で働いている人たちからも非難ごうごうだ。

べつに築地の人たちに嫌われてもかまわない。魚河岸に行かなければ接点はないのだから。しかし、そうもいかないのである。談志は築地が大好きで、おまけに弟子たちが世話になっているということもあり、しょっちゅう築地に顔を出す。そのときカバンを持つのは私となる。

築地での私の悪評は談春から聞いていた。もっとも彼自身が魚河岸の人たちを煽っていることも、容易に想像がついた。そりゃ、談春からしても面白くないだろう。

「なんだい、おまえみたいに『行きたくない』と断りゃよかった」

私が築地行きを拒否して数ヵ月経ったある日、銀座で談志独演会が行われた。打ち上げは築地の居酒屋だ。築地に修業に行かされた前座も勢揃《せいぞろ》いしていた。

前座は店員以上に働かなければならない。私以外の前座は店員たちと顔なじみだから仕事もしやすい。私は誰が誰かもわからないし、どうやっても動きが鈍くなる。

店の大将が店員に向かってこう吐き捨てた。

「春《はる》（談春）たちはかわいいよ。毎日健気《けなげ》に築地に働きにきてるよ。それにひきかえ、なんだい、志らくってやつは。築地にはきたくねえとタンカを切りやがった。かわいくねえなあ！　おまけに仕事もできねえときてるぞ」

談志の耳にもこの言葉は聞こえたはずだ。

「こやつは築地行きを断った優秀な弟子なんだ。ほかの弟子たちもこやつを見習えばいいんだ」

そう談志が魚河岸の人々に説明してくれればいいのだが、そんなことを言うはずもない。魚河岸の人々に私がどう思われようが、そんなこと談志の知ったことではないし、それくらい自分で解決しろと思っているにちがいない。

なんとも肩身の狭い思いをしたものだ。

その居酒屋で修業をしていた兄弟子がいた。彼は私よりも一年ほど先輩なのだが、高座名をもらえていなかった。自己アピールが苦手で、師匠のことが大好きなのに、それをまったく伝えられていなかった。談志好みの映画も好きだったが、談志はそのことに気がついていなかった。

あるとき談志が彼に声をかけた。

「おい、おまえのいちばん好きな映画を言ってみな」

千載一遇のチャンスだ。彼のいちばん好きな映画は『イースター・パレード』。談志がもっとも惚れているフレッド・アステア主演のＭＧＭのミュージカルだ。

なのに、彼はなぜか違う映画のタイトルを答えた。

「『小さな恋のメロディ』です」

談志は、「けっ！」と吐き捨てた。そして、二度と彼に映画の話をすることはなかった。

「兄さん、なんで『イースター・パレード』って言わなかったんですか？」

「なんだか師匠をヨイショしているみたいに思われるんじゃないかと……」

「でも、よりによって『小さな恋のメロディ』って」

「素敵な映画だよ」

「それは知っていますけど」

「師匠ってさ、ああ見えてかわいらしい映画、けっこう好きなんだよ。『若草物語』とか。でも、『小さな恋のメロディ』は見ていないはずだから、おすすめしたいと思って……」

この兄弟子はその日も黙々と厨房《ちゆうぼう》で働いていた。ほかの築地組の兄弟弟子は、談志に対して、働いていますという必死のアピールをしていたが、彼だけはいつもと同じように仕事をしていた。

打ち上げが終わり、談志が足早に店を去ろうとした。カバン持ちである私も急いで談志のあとに続いた。すると厨房から店の若旦那が飛び出してきて、私を怒鳴りつけた。

「てめえ！　おまえの先輩がまだ働いているんだぞ！　なんで兄弟子に挨拶もしねぇで帰ろうとしやがるんだ！」

私はあわてて厨房から顔を出したその兄弟子に挨拶をした。

「いいんだよ。オレに挨拶なんかしなくても」

兄弟子の目は優しさに包まれていた。

彼が廃業したのは、それから数日後のことだった。


築地行きを拒否して以来、談志は急激に優しくなった気がした。

「おまえは築地に行かないんだから、そのぶん、ちゃんとやらないといけないんだぞ」

と、ことあるごとに言うようになった。

前座修業もいくらか板についてきたある日、談志が私に聞いた。

「おまえ、パスポートは持ってるか？」

持っていなかった。私はそれまで一度も日本の地から離れたことはなかった。

「こしらえとけ。ハワイに連れてってやる」

ハワイで談志の独演会が催されることになり、付き人として私が同行することになったのだ。

談志と一緒、生まれて初めての海外。

それどころか、飛行機に乗るのも初めてだった。談志はファーストクラス、私は当然エコノミー。キョロキョロしながら自分の座席に座った。

飛行機が漆黒の夜空に飛び立つ。しばらくすると機内の明かりが消え、周りの乗客は眠りはじめた。私も周りと同じように眠ろうと目を閉じた。うとうとしかけたとたん、誰かが私の頭をパチンと叩いた。あわてて飛び起きると、鬼の形相の談志が立っていた。

「飛行機に乗って寝るやつがどこにいる。旅行に行くんじゃないんだぞ！　オレの用をするためについてきたんだ！」

その怒号に周りの寝ている人々も飛び起きてしまった。

以来、いつ談志がこちらにくるかと思って、着陸までずっとファーストクラスのほうを見つめ続けていた。

ハワイに到着すると、なんとも言えない甘い匂いがした。空港を出たところで、出迎えの現地の女性が談志の首にレイをかけ、ほっぺたにキスをした。私のところにもやってきたので、「けっこうです」と断ったが、むりやりレイをかけられ、キスをされた。談志は見て見ぬフリをした。

談志のそばへ駆け寄り、すぐに謝った。

「すみませんでした」

すると、談志は小声で言った。

「こういう場合は謝ることはない。謝られてもオレも困る」

ホテルはシェラトンワイキキ、滞在日数は四泊五日。落語会はあくる日の夜だ。スポンサーでもあるソニーの人がいろいろと段取りを組んでくれていた。

夜中、いきなり部屋の電話が鳴った。

「はい」

「オレだ」

談志は電話のとき、「オレだ」とだけ言う。

当時はまだ携帯電話なんてない時代。談志は電話魔で、のべつ公衆電話を使っていた。十円しか使いたくないので、電話は最短時間ですませる。地方から家族に電話をするのも、なんとか十円ですまそうとする。「オレだ、八時に帰る」ガチャン！　と。

当時、留守番電話機能のメッセージをオシャレにしたり、面白くしたりするのが流行《はや》っていた。ある兄弟弟子はクラシック音楽をＢＧＭに、こんなメッセージが流れる設定にしていた。

「〇〇です。桜が葉桜に移り変わる季節、どうお過ごしですか？　私はまだまだ葉桜になるような、つまり枯れるような芸人ではございません。目一杯ガムシャラに満開の花を咲かせ続けられるよう、がんばります。しかし、今日この時間だけは、どうぞモーツァルトの音楽を楽しみながらご用件をお吹き込みください。よろしかったら、お仕事の依頼も承っております」……云々。

仲間内ではそのメッセージに笑っていたが、ある日、談志から電話がかかってきた。談志が用件を言おうとすると、このメッセージが流れた。談志は怒って、なにも吹き込まずに電話を切ってしまったとのこと。しかし、なんで師匠だとわかったのかと尋ねたら、留守番電話の録音に談志の「けっ！」という声だけが残されていたという。

「オレだ」

「はい、なにかご用でしょうか？」

「用があるから電話したんだ」

まるで落語の会話だ。

「おまえ、起きているのか？」

起きているから電話に出たんです、と言いたかったがぐっとこらえた。

「はい、起きております」

「時差ボケで寝られないんだ。ちょいとオレの部屋にこい」

私はおっかなびっくり談志の部屋に行った。

「入れ。そのへんに座れ」

部屋の隅の床に正座をした。

「そんなところに座ることはない。イスに座れ」

「は、はい」

ソファの隅っこに腰をかけた。そこで初めて自分の部屋とはまったく違う広さだと気がついた。そこはスイートルームであった。

「おまえ、酒は飲めるのか？」

「はい。あっ……いや、普段は飲みませんが、学生の頃、飲んでいました」

「そうか。そういえば大学はどうしたんだ？」

「はい、やめちゃいました」

談志の「大学だけは卒業しとけ」という言葉はしっかり覚えていた。私の両親も、大学卒業を条件に、落語家になることを認めてくれていた。でも、修業の身。明日の予定すら立てられないのに、大学なんて行けるわけもない。ましてや落語の稽古をしなくてはいけないから、卒論なんて書いているヒマはない。

それに、大学の先生に「金原亭馬生論」を書いていると卒論の計画書を見せたら、「誰なんだい。落語家？　きんばらてい……馬？　まう？」とのたまった。金原亭を読めないのは許す。でも、馬生をよりによって「まう」とはなんだ！　ましてや文芸学科の教授だ。こんなやつに落語論を提出しても意味がないと判断して、入門して二ヵ月で退学届けを出してしまった。

両親に相談したら反対されることがわかっていたので、退学してからその旨を電話で知らせた。母親はショックを受けている様子だったが、父親はなにも言わず、いつものように電話の向こうで「ふおっふおっふおっ」とバルタン星人になっていた。

「そうか、大学やめちまったのか。まあ、おまえの親はそんなことくらいじゃ驚かないだろうがな」

「はい」

「じゃあ、ビールでも飲め」

「……え？」

驚いた。前座修業期間中、酒と煙草《たばこ》はご法度であった。まさか師匠から酒を勧められるとは思ってもいなかった。

「海外だから特別だ」

冷蔵庫からバドワイザービールの缶を持ってくると、私に手渡した。

そのときまで私はバドワイザーの存在を知らなかった。生まれて初めて海外で飲む外国のビール。キンキンに冷えていた。少し甘みがかったその味に身体中が興奮した。

「落語っていいぞ」

談志がぽつりと言った。

「世の中のすべてのパターンが落語にはあるんだ。こんないい商売はない。やめていくやつらはたくさんいるが、オレには信じられない。なんで落語を捨てることができるのか」

あくる朝、談志はワイキキの海で泳ぐから支度しろと電話で言ってきた。

海水パンツを穿《は》き、Tシャツを着て、談志の部屋に馳せ参じた。談志は鏡の前で支度をしていた。なにやら白いクリームを顔や手足に大量に塗りたくっている。

「日焼け止めだ。芸人の日焼けはご法度だ。覚えておけ。芸人は売れはじめるとすぐゴルフなんてやってけつかる。貧乏人の成り上がりほど、みっともないものはねえ」

ぶつぶつ言いながら、日焼け止めのクリームを塗り続けた。それにしても塗りすぎだ。顔なんぞ歌舞伎の化粧みたいになっていた。

さらに驚いたのが談志の出で立ちだ。らくだのTシャツに股引《ももひ》き、両手には軍手、足はビーチサンダルではなく地下足袋であった。

「岩場で手足を切るといけないからな」

さらに出発する際に、女物の派手なチューリップハットまでかぶった。

その姿で高級ホテルのロビーを横切り、ワイキキビーチまで歩いていく。へんなおじさんの後ろを荷物を持って私はついていく。道行く人々が振り返る。すると談志は上機嫌でこう言うのだった。

「オレが人気者だからかな」

いや、人気者ではなく、どちらかと言えば変質者だ。だいたいこの人が立川談志だとは誰も思うまい。

ビーチで私は荷物番をした。

じつは私は泳ぎが苦手で、プールならまだしも、海にきちんと浸《つ》かったことがなかった。塩水に顔をつけるなんて絶対にいやだという男だ。平泳ぎもできない。浮くには浮くが、前に進まずにその場で停滞してしまう。クロールはかろうじて前進するのだが、息つぎが苦手だ。息を吸おうとしているのか溺れているのか、わからない状態になる。その形相がまた必死すぎてひどいらしい。中学生の頃、私が息つぎをしている顔を見た同級生の女の子に、「そんなに息が吸いたいの？」と聞かれた。吸いたいに決まっている。

そんな人間なので、私はせっかくのハワイで海に入れなくても、まったく悲観することはなかった。

談志はとにかく泳ぐのが大好きだ。「オレは泳ぎながら寝ることができる！」と豪語していた。

「もっとも、熟睡はしない」

あたりまえである。

私は真っ白な砂の上にちょこんと座ると、談志が泳いでいる沖合をぼんやり見つめていた。どんなに遠くにいても談志だとわかる。なにしろ談志はチューリップハットをかぶっている。

その日の夜は談志独演会。滞在していたシェラトンホテルから歩いて十五分くらいの距離にある別のホテルの宴会場が会場だった。

談志の部屋で支度をしていると、談志が「着物で会場に向かおうか」と言い出した。

「外国の町を着物姿で歩くなんて、乙なもんだぞ。おまえも着替えろ」

「いや、あの……」

口ごもる私の顔を談志はいぶかしげに見た。

「なにか不都合があるのか？」

不都合は、あった。

じつは長襦袢《ながじゅばん》を持っておらず、半襦袢で間に合わせていた。冬の着物であればなんら問題ないのだが、夏の着物は生地が絽《ろ》なので下着が透けてしまう。真後ろからだとパンツの柄までもが透けてしまう。高座に上がるときは、客は真横から見るので、大急ぎで上がればば気づかれない。たとえ気づかれたとしても、前座は貧乏だから長襦袢も買えないんだと同情してもらえるだろう。でも、ハワイの町をパンツが透けた状態で歩くのは、いくらなんでも恥ずかしい。

私は着物を着ることができない理由をボソボソと伝えた。

「勝手にしろ！」

談志はみるみるうちに不機嫌になってしまった。

着物姿に変わった談志のあとをジーパン姿の私が荷物を担いでついていく。道ゆく人々が、「あっ！　談志だ！」と振り返った。

談志の機嫌はどんどんよくなっていった。ときおり立ち止まってサインをしてあげたり、記念写真を撮ってあげたりもした。

談志が町を歩けば、これが正常な光景だ。白塗りにチューリップハットにらくだのTシャツ、地下足袋、軍手ではこうはならない。なぜ談志はそのことに気づかないのか。

落語会はおおいに盛り上がって終了した。

私は開口一番に上がり、『紙入《かみい》れ』という、間男が主役で、おおよそ前座らしくない……というか前座がやってはいけないとされる噺をかけた。

私の高座は客相手ではなく、談志が相手だった。談志に聴いてもらうためにやっていた。

では、なぜ本来、前座がやってはいけない噺を選んだのか。

理由がある。以前、談志のライフワークである「談志ひとり会」の開口一番で『大工調《だいくしら》べ』という大ネタをかけたことがあった。楽屋にいた兄弟子たちは大騒ぎ。まだ入門して一年にも満たない前座が、神聖なる談志ひとり会の開口一番で『大工調べ』をやるなんてとんでもない。言語道断の行動であると。

「おまえは破門になるよ」

そう耳打ちしてきたのは前座の先輩の談々だ。談春は、「少しウケてたな」とつぶやいて目をそらした。

談志はなにも言わず高座に上がった。

落語会が終わって帰り道、ふたりっきりになったとき、おもむろに談志が口を開いた。

「前座が開口一番で『大工調べ』をやってはいけないというルールは知っているな？」

「はい」

「知っているのならいい。ほかの人の会ではやるなよ」

「はい」

「オレの会ならば、どんなネタをやってもかまわない」

前代未聞の特例であった。以来、談志の十八番である『二人旅《ににんたび》』や『源平盛衰記《げんぺいせいすいき》』などの噺を高座にかけた。

ハワイでの『紙入れ』を舞台袖で聴いていた談志は、吐き捨てるように言った。

「あんまり上手くねえなあ。もっとちゃんとやらねえとほかの弟子の手前、おまえをえこひいきしていると思われちゃうからな」

談志はことあるごとに自分の師匠である柳家小さんを評して、「日本人的バランスをやたらとろうとするからいけないんです。たくさんの弟子がいて、全員同じようにかわいがろうとした。だからバカな弟子がつけあがるんです。ズバリ言うなら、小さんはオレだけかわいがっておけばよかったんです」と言っていた。

その言葉を聞いていたから、私は心のなかで、「オレだけかわいがればいいのに」と思っていた。でも、これは談志の実績があっての言葉だった。私のような虫ケラのごとき前座がなにを言う。そして、この天狗《てんぐ》になった考えが、のちに大きなしくじりへとつながるのだった。

あくる日からは完全にオフ。

その日はアラモアナのショッピングセンターを散策し、ハナウマ湾で海水浴をした。ここは泳ぐというよりは魚を観賞する場所だった。

水中メガネをかけて水をのぞくと無数の美しい魚を見ることができる。談志はおなじみの姿で、大喜びで魚を見ていた。

「おい、こっちにこい」

荷物番をしていた私を呼んだ。私にはヒザより深いところへは行かないという強い信念があったが、前日の着物を断った件もあったので、ここで歯向かうのは弟子としていかがなものかと、仰せのとおり談志のそばに馳せ参じた。

幸い深さは腰のあたりまでだ。それほど恐怖はなかったが、談志の言葉に驚愕《きょうがく》した。

「魚を見てみろ」

つまり、海水に顔をつけろと言う。

「ここからでもなんとなく魚は見えますが……」

「いや、人生観が変わるほどキレイだから見てみろ」

人生観はすでにあなたのおかげで変わった、もう十分です！　と言いたかったが、談志は親切で言ってくれている。厚意を無にするのも申し訳ないので、一瞬だけ顔を水につけた。

「はい！　キレイでした！」

「ウソをつけ！　ちゃんと見ろ！」

談志が私の頭を押さえつけ、水につけた。私はバタバタするだけ。水中メガネもないのに海のなかで目を開けられるはずもない。

傍《はた》からは、チューリップハットをかぶった白塗りの男が、いたいけな青年を水に沈めて殺害しようとしているように見えたかもしれない。

ハワイ滞在三日目のこの日に事件が起きた。

昼食を終えたあと、不意に談志が言った。

「ゆうちゃんのところにでも行ってみるか」

ゆうちゃん？

ハワイに愛人でもいるのかと思ったが、そうではなかった。石原裕次郎《いしはらゆうじろう》のことだった。

大病を患った石原裕次郎が静養のため、ちょうどハワイの別荘にきているという。談志は裕次郎の兄、石原慎太郎《しんたろう》とは親友であった。そんな関係もあり、裕次郎とも懇意にしていた。

車で別荘に向かった。アポはとっていない。談志はそういった常識から逸脱している人だった。同行した落語会のスタッフは電話で来訪の伺いをたてたほうがいいのでは、と何度も言った。そりゃそうだ、相手は天下の大スター、石原裕次郎である。ましてや体調がよくないのだ。来られたって困るという場合もあるだろう。しかし、いきなり行っておどかしたい、そのほうが相手も喜ぶはずだ、というのが談志の考えであった。

高級な家が建ち並ぶ小高い丘に、石原裕次郎の別荘はあった。

「ここか。スターは別荘が似合うな」

しばし、談志は別荘を眺めていた。

同行したスタッフがそわそわしはじめた。なんだか私までそわそわしてくる。呼び鈴を鳴らせば、石原裕次郎の別荘に入れてもらえるのではないか。そうなったとして、裕次郎の前でいったいなにを話せばいいのか。

談志は私には命ずることなく、自分で呼び鈴を鳴らした。

「立川談志です」

実に紳士的な物言いであった。しばらくすると満面に笑みを浮かべた石原裕次郎が玄関に現れた。

「おお！　談志さんか。よくきてくれたねえ」

談志の肩を抱き寄せて、ふたりはなかへ入っていった。

「こいつらも一緒にいいかな」

我々のほうを見て、談志はそう言った。

「もちろんさ」

私もスタッフと一緒になかに入ろうとしたが、談志に止められた。

「おまえは百年早い。表にいろ」

百年経ったら私は百二十二歳になっちまいますぜ、師匠！

だが、しかたない。前座の身分だ。大スターの別荘に一瞬でも入れると思った私がバカだった……と、ぼんやりと玄関前に立っていたが、すぐに品のよい女性が現れ、私をなかに招き入れてくれた。

「談志さんが、お弟子さんもどうぞと言っていますので」

百年後でないと入れないはずの空間にわずか数分で入ってしまった。招き入れてくれた女性はお手伝いさんかなと何気なく顔を見たら、なんと女優の北原《きたはら》三枝《みえ》だった。言わずと知れた石原裕次郎夫人である。

リビングに通された。奥のソファに石原裕次郎と談志がくつろいでいた。

「おい、ビデオを回せ。オレとゆうちゃんの会話を撮っておけ」

つまり、私はビデオの撮影要員として呼ばれたのであった。

カメラを回しはじめると、談志はいきなり言った。

「おい、ゆうちゃん。おまえ、梅毒なんだってなあ」

「よせやい！　談志さん。梅毒なんかじゃないよ、ハハハハ！」

石原裕次郎は豪快に笑い飛ばした。ビッグ対談は十五分くらい続いただろうか。ふたりがどんな話をしていたかは私の記憶から消えてしまっている。

あまりの長居《ながい》は身体にさわるので、と談志は早々に辞去した。

「あんたの顔を見られただけでうれしかったよ」

裕次郎とあえて目を合わさないようにして、談志は別れ際、そうつぶやいた。

「本当にありがとう」

裕次郎は談志をまっすぐに見て、頭を下げた。

別荘から戻った晩、ホテルの部屋でビデオカメラに収めた石原裕次郎との会話を見ることになった。

しかし、真っ黒な画面が浮かび上がるだけで、なにひとつ映っていなかった。

みるみるうちに談志の表情が曇りはじめた。

「撮りそこなったたな」

「いや、ちゃんと撮ったはずなんですが」

「映ってねぇじゃねぇか。おまえ、ハワイから歩いて帰れ」

「すみません……」

「もういい」

談志はさびしそうに言葉を吐き捨てた。

ハワイからはもちろん飛行機に乗って帰国したが、私は原因を解明するために、ビデオカメラを談志の知り合いのソニーの人に預けた。

間違いなく私は録画ボタンを押していた。画面の上の隅に赤い文字で録画と出ていたし、レンズのフタを外していなかったということもありえない。撮影が終わったときにフタを閉めようとしたが、緊張していたのでなかなか閉まらず、それを見た石原裕次郎が、「落ち着けよ」と言ってくれたのだ。

ソニーからの返答がきた。「原因はわからない」という。

談志は納得しなかった。

「人間のつくったもので、理由がわからないなんてあるもんか」

するとソニーの担当者が言うのだった。

「いや、師匠、そんなこともあるんですよ。ものすごく低い確率ですが、ときに人間には理解できない不思議なことが起こるんです」

それでも談志は納得できないという表情を浮かべていたが、約一年後に石原裕次郎の訃報が飛び込んできた。

談志が私の前で言った。

「ゆうちゃんがオレとの会話をこの世に残したくなかったんだなあ。オレたちの記憶のなかだけにとっておけってことか」

私の記憶からも、ふたりの会話は消えていた。覚えているのは、梅毒のくだりだけだ。別れ際、談志が石原裕次郎の目を見なかったのは、これが永遠の別れになると察して、泣いてしまうと思ったからかもしれない。


入門して一年が経過した。

すでに私は二つ目昇進の基準である落語五十席をクリアしていた。

五十席を覚えたら、年数問わず二つ目に昇進させる、と談志は公言していた。

私は談志にその旨を伝えた。

「おう、そうか。ならば二つ目になっていいぞ」

私は有頂天になった。築地の魚河岸に修業に行っている兄弟子たちを差し置いて、二つ目になろうとしていた。談志の提示は二年で五十席。それを半分の一年でクリアしたのだから、天狗になるのも当然だ。ましてや、談志の前ならどんな落語を演じてもかまわないと許されていたのだから。

しかし人間、天狗になれば当然ながら態度に表れる。それを危惧したのは談志の弟にしてマネージャー、松岡由雄だった。

「おい、志らく。師匠がおまえのことを快く思っていないぞ」

「え？　どういうことですか」

「志らくは気が利かないと言っていたぞ。ちゃんとやれよ」

「ちょっと待ってください。私は師匠からすでに二つ目のパスポートをいただいたんです。私と師匠の関係は良好なんです。へんに首を突っ込まないでください！」

これぞ天狗の実態である。入門してわずか一年の青二才が、談志の弟にタンカを切ったのだ。

しばらくして談春がちょくちょく師匠の家に顔を出すようになった。おそらく志らくが二つ目に昇進するという噂を聞いて、いてもたってもいられなくなったのだろう。

この兄弟子の登場で、私の歯車は見事に狂ってしまうのである。

それまではひとりで談志の身の回りのことをやっていた。そこには常に緊張感があり、怒られたときの恐怖や落ち込みもまた、すさまじいものがあった。また、それが明日への糧にもなっていた。

そこに仲間が現れたのだ。どうやっても緊張感は薄らぐ。談志に怒られても、談志がいなくなるとふたりで、「怒られちゃったね、へへ」と互いの傷を舐《な》め合った。

談志が留守のときは、師匠宅でふたりで遊ぶようになった。

談春は博打《ばくち》が大好きな男だった。十円ずつかけてサイコロ博打をやったり、ブラックジャックをやったり。トランプがなかったので、談志の参議院議員選挙の際の写真入り葉書が大量に倉庫に余っていたのを持ち出して写真の部分を切り抜き、数字を書いて即席トランプにした。ジョーカーは談志の顔にヒゲを描いて……ってひどい弟子だ。

ときには応接室にあったダーツで勝負をしたこともあった。じつは私は子どもの頃からダーツをやっていた。というのも、父親がダーツ協会に所属していたため、我が家には競技用の本格的なダーツがあり、のべつ私は練習をしていたのだ。だから素人の談春に負けるはずがなかった。何回やっても私が勝つので、元来博打打ちの談春は興奮してしまい、私に取られた金を取り戻そうとして、レートをどんどん上げていった。それでも勝てず、気がつけば私は三億五千万円も勝ってしまった。

「出世払いで勘弁してくれ」

どんなに出世したって返せるはずもない。

調子に乗っているときは怖いもの知らずで、私と談春は前座の勉強会を企画した。

通常、前座が単独で勉強会をやるなんて話は聞いたことがなかった。そもそも禁止されていたのだ。前座とは修業中の身であり、人様からお金を頂戴して落語をやるなんてもってのほかだと。諸先輩方の落語会の手伝いに出向き、労働力の対価として開口一番、勉強として一席やらせていただく――これが前座の立場である。

なのに私と談春は、その決まりを打破すべく動き出したのだ。

銀座に美弥《みや》という談志の行きつけのバーがある。落語会のあとは、たいてい美弥で仲間と打ち上げをするのが談志の日常であった。

前座は店に入れてもらえず、いつも外から店内の様子を窺《うかが》っていた。あるとき、落語会のゲストがビートたけしさんだった。美弥では談志がたけしさんと楽しそうに語り合っていた。店の外には私と談春、そしてたけしさんのお付きとして水道橋博士《すいどうばしはかせ》と玉袋筋太郎《たまぶくろすじたろう》がいた。のちの浅草キッドである。

水道橋博士がつぶやいた。

「いつか店のなかで酒が飲みたいよね」

私も談春も玉ちゃんも、大きくうなずいた。

その日も談志は、独演会の打ち上げを美弥で行った。

帰り際、談志を見送る際に、私と談春とで勉強会の話を切り出した。

「師匠！　ふたりで勉強会をやりたいんです！」

「おまえらふたりでか？　前座がそういうことをやってはいけないというルールは知っているな」

「はい！」

「そうか。おまえらのそれでもやりたいという情熱は、たとえ師匠でも止めることはできない。特例として勉強会、許す」

「ありがとうございます！」

勢いというのはすごいものだ。

かくして私と談春は前代未聞、前座の勉強会をやることになった。

月に一度の頻度で、談志が地方の落語会に行くタイミングにあわせて開催することにした。場所は練馬の江古田《えこだ》駅の近くにある銭湯二階、和室のコミュニティホール。私が落研で使っていた会場だ。

会の名前は「談志があきれた落語会」。当時、下北沢《しもきたざわ》で、「談志が選んだ落語会」という催しを立川流でやっていたので、それをもじった。

会当日、五十人入れば満席の会場は、立錐《りっすい》の余地もないほどの大入りだった。そのなかに、なんと高田文夫先生の姿もあった。

ふたりで二席ずつ、会はおおいに盛り上がった。

打ち上げは、近所の黒ひげというスナック。私と談春と高田先生の三人だった。

談春はカラオケで朗々と内藤国雄《ないとうくにお》の「おゆき」を歌い上げた。

〽持って生まれた運命《さだめ》まで

「おい、おまえは小僧なのに、シブい歌を歌うなあ」

高田先生はゲラゲラと笑い転げた。

「昔な、デパートの屋上で内藤国雄ショーってのがあって、オレ聴きに行っちゃったんだよ。まず、司会の人が内藤国雄を紹介するんだ。『将棋界のスター、内藤国雄さん！ 曲はご存じ、おゆき！』。会場は将棋好きの男がいっぱいで、ものすごく盛り上がるんだ。で、歌い終わると、今度は司会が、『内藤国雄と詰め将棋対決！』と叫んでな、客が順に並んでステージ上の内藤国雄と詰め将棋をやるんだ。地味なショーだろ。でも、けっこうそれだけで一時間近くかかるんだよ。で、詰め将棋が終わると司会が、『それでは最後にもう一曲歌っていただきましょう、曲はご存じ、おゆき！』って、また『おゆき』を歌うんだよ。ほかにヒット曲がないから、一度のショーで二度も『おゆき』を聴かされちまうんだ。すごいだろ？」

私と談春はひっくり返って笑った。

すかさず高田先生が言った。

「おい、ダメだな談春は。笑ってないで、ここでまたおまえが『おゆき』を歌うんだよ。それが笑いってもんだよ」

「はい、それでは歌います！」

談春が二度目の「おゆき」を熱唱した。事情を知らないほかの客は、若造が二度も「おゆき」を歌うもんだからしばらく笑いが起きて、最後は拍手喝采となった。

この勉強会は毎月開催された。

打ち上げはかならず黒ひげ。談春はその頃まったく酒が飲めなかった。だが、私と打ち上げをするうちに酒を覚えてしまった。

私はあまり強いほうではなかったが、学生時代に毎晩のように飲み会があったから、酒には慣れていた。ただ、私の場合は性質《たち》があまりいいものでなく、いわゆる酒乱の気があった。打ち上げでは私が日本酒を九合、談春が一合。それでふたり、ぐでんぐでんに酔っ払った。

あるとき、談春があまりに酔ってしまい家に帰れそうもなかったので、私のアパートに連れていった。

部屋に入ると、私の宝物である落語のテープを談春が発見した。

「おっ、馬生師匠のテープ、たくさんあるなあ。馬生師匠の音源ってあんまり売ってないんだよな」

そう言った次の瞬間、談春がいきなり嘔吐《おうと》した。それも私の宝物の上に。

「おい！」

私はこの酩酊《めいてい》状態の兄弟子のえり首をつかまえて、便所まで引きずっていき、なかに放り込んで怒鳴った。

「ガキが酒を飲むんじゃねえ！」

「ごめんよ、ごめんよ」

談春は笑いながらなんべんも謝った。

前座の飲酒はご法度。談志から勉強会は許されていたが、酒まで許されたわけではない。ふたりのやっていることは前座の生活ではなく、二つ目のそれである。

こんなバカふたりに、ついに天罰が下るときがきた。

大晦日《おおみそか》、私と談春で大掃除をしていた。日が暮れるとほろ酔い気分の談志が声をかけてきた。

「おまえらは面白い。落語もちゃんとしている。間違いなく売れるぞ」

ふたりは大喜び。

「もう帰ってもいいぞ」

「ありがとうございます！」

ふたりは喜び勇んで家を飛び出した。あとかたづけもせず。

以前の私ならば気がついたはずだ。「帰ってもいいぞ」は「帰らなくてもいい」であることを。

案の定、あくる日、つまり元旦に談志に怒鳴りつけられた。

「てめえらは、うちに入るな！」

かくして私の二つ目昇進はおジャンとあいなった。理由は、「志らくは気が利かない」であった。

その後も私は談春とのべつ行動をともにしていた。

ふたりでゲームセンターに行ったり、バッティングセンターで遊んだりした。ゲーム関係はあきらかに私のほうが上手かった。

嫉妬した談春は、ある日、「ちょいとついてこいよ」と私をデパートの屋上へと連れていった。

「金魚すくいで勝負しよう」

屋上には金魚屋があった。

「たくさんすくったほうが千円な」

負ける気のしない私は、その勝負を受けて立った。しかし、談春の金魚すくいの技術がすごかった。スポーツ競技のように、次から次へと金魚をすくい上げていく。まったく勝負にならなかった。

「さあ、千円出せよ」

「ダーツの三億五千万から引いておくよ、兄さん」

「ふざけるなよ！」

「いや、真面目な話だよ」

「この野郎、もう二度とおまえと博打はしねえからな」

「ねえ、兄さん、いつ三億四千九百九十九万九千円、返してくれるの?」

「だから、出世したらって言ってるだろ」

「兄さんは出世しそうもないや。落語が上手いだけだと売れないもん」

談春は軽くうなずいた。私はなにかとてもひどいことを言ってしまったのではないかと、一瞬後悔した。

その気まずい空気を金魚屋の店員が壊してくれた。

「お客さん、すくった金魚なんですが、どうします?」

デパートの金魚屋なので、すくったぶんだけ買わなければいけなかった。

「全部で二千三百円になりますが」

「いらねえよ!」

そう言うと談春は、金魚を池に投げ込んだ。


談志は言った。

「前座修業とは矛盾に耐えることだ」

だから、落語家の弟子になったのに築地の魚河岸で修業させられても文句は言えなかった。まあ、私は文句どころか、逆らって魚河岸の修業は免除とあいなったのだが。

しかし、またも困難が待ちかまえていた。

談志の周りにはいつも大物、小物、曲者《くせもの》が取り囲むようにいた。そのなかに戸塚《とつか》ヨットスクールの校長、戸塚宏《ひろし》氏もいた。

スパルタ教育で非行少年たちを更生させた、と世の注目を浴びるようになったが、その後、生徒の死亡事故で逮捕、起訴され、裁判となった。連日ワイドショーでこの一件が取り上げられた。しばらくして裁判の判決が出ると戸塚ヨットスクール問題は沈静化していったが、談志はそんな戸塚校長と意気投合したのである。

談志の独演会の打ち上げで戸塚校長が自分の教育について熱弁をふるっていた。

「どんな病気でも脳に大量のドーパミンが出れば治るのです。ならばどうすればドーパミンが出るか。恐怖を与えればいいのです。私のスクールでは精神を患っている子どもたちをヨットに乗せ沖合に流す。そして何度も海に突き落とす。彼らは恐怖にもがき苦しむ。これをたえず行うことによって、大量のドーパミンが出て、病気が改善するのです」

「ならば、あっしのイボ痔《じ》もドーパミンで治りますか？」

談志の弟子のひとりが冗談を言った。

「それは肛門《こうもん》科に行きなさい！」

戸塚校長にシャレは通じなかった。

するとと談志がおもむろに口を開いた。

「どんな病気でも治るのかい？」

「師匠、イボ痔は無理です」

「うるせえ」

談志にもシャレは通じなかった。

談志の眼差《まなざ》しは真剣であった。察した戸塚校長は、談志の目を凝視して、大きく首を縦にふった。

「治ります。私ならば治せます」

談志は身を乗り出して、言葉を続けた。

「ならば、栄橋《えいきょう》を治してくれねぇかな」

春風亭栄橋――。談志の後輩の落語家で、パーキンソン病に苦しんでいた。薬によって症状を和らげることはできても、完治は難しかった。

談志の説明をひととおり聞いた戸塚校長は言った。

「任せてください。私が治してあげます」

かくして栄橋師匠は戸塚ヨットスクールに入校する運びになった。私は、そんなことで本当に治るのかなあと眉唾で見ていたが、まさか自分の身に災難が降ってくるとは思わなかった。

というのも、栄橋師匠には弟子がいなかった。栄橋師匠が戸塚ヨットスクールに行くには、当然ながら付き人が必要だ。白羽の矢が立ったのが、談志の弟子だった。築地の魚河岸との兼ね合いもあったが、年季の古い順にひと月ごとに栄橋師匠につくこととなった。栄橋師匠が治るまでにだいたい半年くらいかかるとの計算だったので、当然ながら私にも順番が回ってくる。つまり、一ヵ月間は愛知県美浜《みはま》町にある戸塚ヨットスクールで暮らさないといけないのだ。

今回ばかりは築地のときみたいに拒否することはできない。先輩落語家の人生がかかっているのだ。

談々、関西、談春と順に役目を果たして帰ってきた。みな、たくましくもなっていた。というのも、栄橋師匠のお世話だけではなく、現役の生徒たちと一緒に訓練も受けさせられたとのこと。気がつけば、日焼けをして、ヨットにも乗れるようになったという。さらには戸塚校長の考え方に共鳴して、まるで戸塚信者のようになって戻ってきた。

いよいよ私の番がきた。

私はどうにもこの手のスパルタ教育が大嫌いで、いくら談志が戸塚校長に惚れようが、とうてい受け入れることができなかった。エンターテインメントならほぼ無条件で談志の好きなものを好きになれたが、当時の戸塚ヨットスクールは、私からすれば怪しげな新興宗教でしかなかった。

戸塚ヨットスクールへの出発前夜、私は熱海《あたみ》にいた。じつは高田文夫先生が熱海の別荘で遊んでいるから、美浜町に行くなら寄って一晩遊んでいけよと声をかけてくれたのだ。先生からすれば、戸塚ヨットスクールに送り込まれる私を肴《さかな》にしたかったのだろう。

「おまえは陰気だから、ちょっと治してもらってこいよ」

さんざんからかわれて、私は熱海の別荘をあとにした。

戸塚ヨットスクールに到着したのはちょうど昼時。スクールのテラスのようなところで、栄橋師匠は戸塚校長やコーチたちと楽しそうに昼食をとっていた。

「談志の弟子の志らくと申します」

栄橋師匠と戸塚校長らに挨拶をした。

「じゃあ一時から再開するから、きみも水着に着替えなさい」

コーチのひとりがそう言った。言われるままに着替えて、栄橋師匠を連れて浜辺に行った。

生徒はほかにひとりだけ。オカッパ頭の陰気な若い子がいた。

「さあ、師匠、海に出ましょう」

栄橋師匠はコーチたちとボートに乗り込んだ。

「きみたちはここで腹筋と腕立て伏せ百回だ」

生徒はうつろな目をしたまま腹筋を始めた。私はそれをぼんやりと見ていた。するとコーチが怒鳴ってきた。

「おい！　おまえ！　なにぼんやりしてるんだ！　一緒にやらんかい！」

私はその言葉を無視した。だいたい「おまえ！」と呼ばれる筋合いはない。

談志はかねがね「おまえらはオレの弟子だ」と言っていた。談志の知人が我々をそれこそ虫ケラのように扱ったり、用を言いつけたりすると、「おい、こいつらはあんたの弟子じゃないいんだ。オレの弟子なんだ」と怒っていた。それが念頭にあったので、「おい、おまえ」と言われて、私はカチンときたのだ。

私はかたくなに指示を拒否した。一瞬殴られるのではないかと怯《おび》えたが、もし殴られたら、「訴えますからね」と言ってやろうと用意していた。コーチは「勝手にしろ！」と吐き捨てて、私を無視するようになった。

私は砂浜に腰を下ろして、海にいる栄橋師匠を見た。沖合で船から降ろされサーフボードにしがみついていた。すると戸塚校長とコーチが自分の乗っているボートのモーターを起動させて、波を起こした。その波でサーフボードがひっくり返る。当然、栄橋師匠は海に放り出される。無我夢中でサーフボードにしがみつくと、また波を起こす。この繰り返しだった。私は泣いた。心のなかで、「こんなことで治るわけないだろう！」と叫んだ。

栄橋師匠はどう思っていたのだろうか。一縷《いちる》の望みにすがる思いで、この訓練に耐えていたのだろうか。

訓練が終わると栄橋師匠はしばしの休憩となり、部屋で横になった。私のほうは夕食まで自由に過ごせると思ったら、オカッパ頭の生徒に呼び出された。

「便所掃除を一緒にやるんだよ」

「え、なんで？」

「談春さんたちは手伝ってくれたよ」

「いや、ごめんなさい。私は栄橋師匠のお世話できたので、便所掃除はやりません」

「コーチに叱られるよ」

「いいよ、叱られても。きみにとってはコーチでも、私にとってはどうでもいい知らない人だもの」

本当は手伝ってあげようと思っていた。トイレは栄橋師匠も私も使う場所だから。でも、「コーチに叱られるよ」という物言いがいやだった。

休憩が終わり、次の訓練まで今度はオカッパくんと私とでヨットの練習をしろとのこと。私の先輩たち――談々、関西、談春は、全員ヨットをマスターして帰ってきた。これはいい機会だと彼らは思ったのだろうが、談志の言葉が頭をよぎった。

「あいつらはベトナムに置いてきたら、半年でベトコンになっちまう」

築地の魚河岸に修業に行って戻ってこない彼らを見て、談志はこう嘆いていた。

私はヨット乗りになるつもりなど毛頭ない。だいたい泳ぎが苦手なのだ。海で泳いだ経験すらない。戸塚ヨットスクールの生徒とふたりでヨットで海に出て溺れたとしても、誰も助けてくれない。

私はこの練習もかたくなに拒否して、宿舎に戻った。

午後の栄橋師匠の訓練が終わり、夕食の時間、戸塚校長が笑いながら私のそばにきて言った。

「なんで訓練に参加しないの？　とてもいい機会じゃないか」

「申し訳ございません。でも、私は談志から栄橋師匠のお世話をしろと言われてまいったので、訓練には参加しません」

「あっ、そうなの。じゃあ、談志さんに聞いてみるね」

そう言うと、電話をかけに食堂から出ていった。

「ほかの弟子はみな素直だったよ」

栄橋師匠がボソッとつぶやいた。

いや、それは違う。私はへそまがりなのではなく、談志の命令に対して素直なのだ。

しばらくすると戸塚校長が戻ってきた。

「談志師匠が言ってたよ。煮るなり焼くなり好きにしてくれと」

絶体絶命のピンチである。

談志に素直な私としては、明日から訓練に参加しないといけない。でも、私のなかにはもはや戸塚ヨットスクールの訓練に参加してなにかを吸収しようという気持ちはなかった。

それに、彼らに対しても不信感しか持てなかった。治りもしないのに談志の前でタンカを切ってしまい、しかたなく栄橋師匠の面倒を見ているとしか思えなかった。

その晩、布団に潜り込んで、本気で談志の弟子をやめようかとも思った。なんで私はこんなところにいなくちゃいけないんだと、談志に対して怒りすら覚えた。

「逃げるしかない」

談志を嫌いになる前にここから逃げよう！

なんで戸塚ヨットスクールのせいで落語家をやめないといけないんだ！

この状況が不快ならば、自分でなんとかすればいいんだ！

師匠、ありがとう！

……ってなんだかよくわからなくなっていた。

私は実家に電話をかけ、この状況を母親に逐一報告した。

母親は言った。

「談志さん、ひどいわね」

「なんとか逃げ出す手段はないかな？」

「お父さんの体調がここのところ優れないから、父が病気だと言って帰っておいで」

あくる朝、戸塚校長にその旨を伝えた。

「父が危篤なので帰ります！」

栄橋師匠には申し訳なかったが、私はそのまま帰京した。

大嘘《おおうそ》をついたようであるが、あんな空間にいるくらいなら、大切な親の顔を見に帰ったほうがいい。

けっきょく戸塚ヨットスクールには一泊しかしなかった。

気の毒だったのは先輩の関西兄さんだ。志らくが帰ってしまったので、代わりに行ってこいと、二度目の戸塚ヨットスクール入校とあいなった。

やがて談志は、戸塚ヨットスクールの話をしなくなった。栄橋師匠の病気も、案の定治らなかった。

一難去って、また一難。

こんどは上納金問題が浮上した。

前章で触れたとおり、立川流を創設した談志は、弟子から上納金を徴収するようになった。月々、真打ちは四万円、二つ目は二万円、前座は一万円だ。

前座は基本、収入はない。たまに落語会の前座をつとめるとお金をもらえたが、せいぜい三千円だ。前座だって生活はある。家賃を払ったり、光熱費を払ったり、食べたり、飲んだりもする。親から借金をしたり、ベーカリーでパンの耳をタダでもらって食いつないだり。そんな極貧生活のなかで、一万円なんて上納金を払えるはずもない。

私は入門以来ほとんど……というか、まったく上納金を払っていなかった。払わなくても許されるとどこかで思っていた。

ある日のこと、談志が弟子全員をホテルの会議室に呼び出した。

談志は帳面を前に座っていた。

「全員揃ったか」

みな、うなずいた。

「上納金の帳簿を調べたんだ。未納のやつがいる。すぐに払いなさい。それとまったく払う意思のないやつもいる。えーと、まずは志らく。入門以来、一度も支払っていない。やめてもらいます」

その後、談志は淡々と弟子全員の支払い状況を発表した。発表が終わるとそのまま帰ってしまった。

絶対に自分だけは大丈夫だと信じていただけに、私のショックたるや想像を絶するものがあった。

極度に落ち込む私を慰めてくれる仲間はいなかった。

談春だけが、笑いながら言った。

「おまえ、やめちゃうんだなあ」

この言葉で、私は我にかえった。

やめるもんか、と私はその足で親元に駆けつけた。

なんぞってえと親だ。私はだらしがない。

しかし、ほかに頼る人はいない。

母親の顔を見るやいなや、「as soon as」という英語はここで使うためにあるのかという勢いで、私は言った。

「かならず出世して返す。十五万貸して！」

「なにに使うの？」

「上納金だよ。ずっと払っていなかったから、十五万払わないと破門になっちゃうんだ！」

「談志さん、ひどいわね」

また、この言葉を母親に言わせてしまった。

親から受けとった十五万の金をポケットにねじ込み、談志の家へと向かった。

「師匠！　上納金です！」

「おっ、十五万持ってきたか。えれえぞ！　よし、やめなくていい」

ニコニコ笑いながら十五万を受けとり、そのまま部屋に入ってしまった。

呆然《ぼうぜん》と立ちつくす私に向かって、部屋の奥から談志の怒号が飛んできた。

「もう帰れ！」

私はおもわずつぶやいた。

「談志さん、ひどいわね」

第三章

かくして、上納金を納めた私は破門を逃れることができた。

そして、こう思うようになった。

「なにがなんでも二つ目に昇進しよう」

入門一年で昇進するという青写真はすでに崩れた。もちろん自分の責任だが、諸先輩を出し抜いて昇進しようとするから、諸々《もろもろ》反対もされる。ならば、先輩たちと一緒に昇進すればいいのではないか。

談春とはすぐに話がついた。

問題はあまり接点のないふたりの兄弟子だ。

談々と関西。

ふたりとも築地の旦那連にハマっていた。とくに談々は、築地の場外の包丁屋に、跡取りにならないかと見込まれていたほどだ。

「兄さん、みんなで一緒に二つ目になりましょうよ」

「なんでやねん？　兄弟子から順番になるのが筋やろ」

大阪出身の関西は、当然ながらいい顔をしなかった。

「でも、志らくは師匠にかわいがられているから、こいつにくっついていけば、二つ目になれるかもしれないよ」

談々は、おっとりとした性格だった。私より九歳も年上で、若いうちから見事な禿《は》げっぷり、売れたいという邪心もなく、名人・古今亭志ん生にあこがれ、毎日酒を呑《の》みながら、ちょいと落語をやるような人生を送りたいと思っているような人だった。

結局、談春が間をとりもち、とりあえず毎日、魚河岸の仕事が終わったあと、四人で師匠宅に集まり、掃除をすることにした。毎日通えば、談志のほうから二つ目昇進のきっかけをくれるに違いないと踏んだのだ。

そのもくろみは初日で潰《つい》える。

師匠宅に集合した我々を見たとたん、談志の機嫌はすこぶる悪くなった。

「なにしに来たんだ。おまえらを築地に送ったのはもちろん人間修業のためだが、身の回りに前座が多すぎてジャマだ、という意味合いもあるんだ。ひととおり掃除がすんだら帰れ」

師匠宅を出たあと、件のふたりの先輩は私にこう言い放った。

「ほらみろ、二つ目なんかになれやしないよ。師匠を失敗《しくじ》っちゃったよ。志らくの口車に乗ったオレたちがバカだった」

だから兄さんたちはダメなんだと言おうとしたら、談春の口からもその言葉が出た。

「兄さんたちは、だからダメなんですよ。それでも行くんですよ。こうなりゃ根比べ。敵が音を上げるまでがんばりましょう」

「談春兄さんの言うとおり。師匠は私に向かって、なんであいつらは築地に行ったっきり、帰ってこないんだ？　帰ってこないってことは築地が快適なんだ、と言ってましたよ。二つ目になれるまで通いましょうよ」

私の言葉は、多少なりともふたりの心に刺さった感触があった。

談々がつぶやく。

「まるで深草少将《ふかくさのしようしよう》だなあ」

深草少将は、『道灌』という最初に習う落語に出てくるエピソードの人物だ。小野小町《おののこまち》に惚れた深草少将は百夜《ももよ》通いをし、九十九夜目に大雪のためお果てなされた。つまり、死んでしまったという――。

「ほな、ワイたちも九十九夜目に、師匠の家の前でお果てなさるかなあ」

そう関西が言うと、

「スーパーいなげやの前で死にたくないよ」と談々。

みな、ひっくり返って笑った。

「よし、イヤがらせだと思って師匠のところに行こう！」

談春の雄叫《おたけ》びに、前座たちの気持ちはひとつになった、ような気がした。

来る日も来る日も、我々は師匠宅を襲撃した。

前座の顔を見ると談志は一瞬イヤな表情を浮かべるのだが、けっして「帰れ！」とは言わなかった。

談志の落語会にもかならず通った。

数ヵ月後、談志のマネージャーから、談志がグチをこぼしていると聞いた。

「あいつら、どこにでも来やがる」

マネージャーに言わせると、談志はそうは言うものの、どこかうれしそうであったとのこと。作戦どおりだ。

師匠宅への襲撃を試みてから数ヵ月が経過した。

ついに、その日が来る。

「二つ目昇進試験をやるぞ」

談志の口から、「二つ目」という言葉が出たのだ。

落語界で前座から二つ目昇進の試験が行われるのは、史上初の試みである。

落語協会における真打ち昇進試験をめぐって、談志は協会を脱会し、立川流をつくった。

なのに、その談志が二つ目昇進試験をやるという矛盾。そもそも前座の身分は年季奉公みたいなもので、落語のテクニックであるとか覚えた数なんていうのは二の次で、年数で昇進するのが常であった。それがまあ、試験をすることになるとは。

落語協会の真打ち試験と違っていたのは、基準が明確だということ。

落語を五十席覚える。年数は問わない。

のちにそこに歌舞音曲や講談の修羅場のマスターなどが加わるが、私が前座の頃はとにかく落語五十席を覚える、であった。

試験当日。

会場は師匠宅の和室。試験官は師匠・談志、ただひとり。

受験生は、談々、関西、談春、志らくの四名。

提出物があった。覚えた落語五十席のリストだ。

前座部屋で着物に着替えながら、互いにそれを見せ合った。

談春がなぜか青ざめている。

「兄さん、どうしたの？」

「やばい！」

「え？」

「四十九しかない」

「どういうこと？」

「オレ、五十席、覚えてなかった」

「ええ〜!!」

全員が悲鳴をあげた。

「おい、上にあがってこい！」

談志の声が二階から飛ぶ。

「どうする、兄さん。棄権する？」

「ふざけるな。ここまできて、やめてどうするんだ!?」

「だけど、四十九席しかないんでしょ」

「一席、まけてもろうたらどや？」

関西がうれしそうに談春をからかった。

「ええい！　こう書いとけばいいや！」

追い込まれた談春は、五十席目に「寿限無《じゅげむ》」と書き込んだ。

「あれ？　兄さん、『寿限無』、覚えてないんだ」

「こんなつまらねぇ噺、誰が覚えるもんか」

いよいよ運命を決める昇進試験のスタートだ。

和室の上座でどてらを羽織り、あぐらをかいた談志が各々のリストに目を通す。

「談々、『松山鏡《まつやまかがみ》』をやってみろ」

鏡を知らない村でのエピソードをつづった落語である。談々あこがれの名人、古今亭志ん生もやっていた。

途中まで聴くと、談志は言った。

「もういい。おまえ、この噺はどうやって覚えたんだ」

「えー、志ん生師匠のテープで」

これはアウトだ。落語界において、噺は、師匠連や先輩に教わってきちんと上げてもらわなければならない。つまり、誰かしらの「高座にかけてもいい」というお墨つきが必要だ。それをテープで覚えただなんて。もちろんそういう場合もあるが、バカ正直に言うやつもないものだ。

「志ん生のクセがついちまってるな」

あきらかに小言なのだが、志ん生を敬愛している談々からすればうれしくてたまらず、

「ありがとうございます！」と返した。

「……まあ、いい。次は関西。『七度狐《しちどぎつね》』をやってみろ」

これは上方の大ネタで、東京の落語家ではまずやらない噺だ。

これも談志は途中でぶったぎった。

「誰に教わった？」

「はい、あのう、大阪にいる頃に自然と覚えてしまったので――」

これもアウト。

「次は談春。……うーん、おまえは『寿限無』をやってみろ」

談春の顔から血の気が引いた。『松山鏡』『七度狐』ときたら、次もそこそこ大ネタがくると普通は思う。それをまさかの前座噺、それも覚えていない『寿限無』だ。

「さあ、やってみろ」

「えーと、『寿限無』って、長い名前の言い立てのところですか?」

そんなもの、きょうび小学生だって言える。

「ちがう、一席やってみろ」

すると談春は覚悟を決めたのか、いっさい動揺せずに、覚えていないはずの『寿限無』を語りはじめた。

やはりこの男はハンパではない。

修業中、談春の肝の据わり方に驚かされたことがあった。

ある日のこと、談志が、大量の段ボールをゴミ置き場に出しておけと談春に命じた。

「風が強いからきちんとヒモでしばって出しておけよ」と談志。

しかし、談春はヒモでしばることを忘れたまま、段ボールをゴミ置き場に出してしまった。

案の定、あくる日、段ボールはあたりに飛び散り、近所の住人から苦情が入った。

談志は談春の顔を見るなり怒鳴った。

「おい！　段ボールをちゃんとしばって出しておけと言ったろ！」

「きちんとヒモでしばって出しました」

談春は顔色ひとつ変えずに答えた。

「じゃあ、どうして段ボールはバラバラになったんだ!?」

「猫がいたずらして、ヒモをちぎっちゃったんです」

「猫が？　そうか、ならばしょうがねえな」

「はい」

「おい、待てよ。なんで猫がやったとわかったんだ。見てたのか？」

「いえ」

「じゃあ、なんでわかった？」

「段ボールに猫のひっかき傷がありましたから」

ここまでウソをつきとおすのもすごい。

強靭《きょうじん》な心臓の持ち主である談春は、ほぼ間違えることなく、『寿限無』を一席、最後まで語ってしまった。

「おまえはどうやって覚えたんだ？」

「本です」

覚えてもいないくせに、談春は「本」と言い切った。

談志が一瞬ひるんだ。

「まあ、本で覚えるとリズムが狂う。本では覚えないほうがいいぞ。よし、最後は志らく。おまえは『品川心中《しながわしんじゆう》』の下をやってみろ」

談志の鋭さに驚いた。

談々はあこがれの落語家のネタ、関西は大阪でしかやらないネタ、談春は覚えていないネタ、そして私にはまさかと思うネタをチョイスする、その心眼。

じつは『品川心中』という落語は前半部、つまりは「上」だけでも成立する。なので「下」を覚えなくても、前半部だけで一席と換算してもらえるのだが、私は談志への忠誠心を見せるために、あえて「品川心中　通し」とリストに書いていたのだ。

ほとんどやり手がいなかった『品川心中』の後半部を復活させたのは、ほかならぬ談志である。つまり、私が「品川心中　通し」とリストに記入したのは、「師匠が復活させた噺まで覚えていますよ！」というアピールのためであった。ただ、前座にとっては難しすぎるネタで、覚えてはみたものの、一度も高座にかけたことはなかった。

私は談春のような強い心臓は持ち合わせていない。ただただ怯えながら、つっかえながら、『品川心中』の下をしどろもどろに語った。

「もういい。だいたいわかった。この噺はまだおまえには無理だ。おまえはどうやって覚えたんだ」

「師匠が高座にかけたのを聴いて覚えて、あとは自分でつくりました」

つくったというほどのものではなかったが、わかりにくかったオチを変えて、オリジナルのオチにしたのは事実だった。

「いいか、おまえたち、下手なやつに教わるなよ。下手に教わると下手になるからな。名人のテープでもレコードでもかまわないからどんどん覚えちまって、あとは自分でつくっていけ。誰に教わったんだと聞かれたら、談志だと言っておけ。ただし、最低限のルールはある。『地獄八景《じごくばっけい》（亡者戯《もうじゃのたわむれ》）』のように（桂）米朝《べいちょう》さんに特許があるような噺は、きちんと教わりにいけ。米朝さんに教わった、という事実がメモリーにもなるからな。以上。おまえたち、二つ目になっていいぞ」

まさかの全員合格であった。

階下のリビングに行くと、談志がビールの栓を抜いて、各々に注《つ》いでくれた。

「いままでご苦労さま。二つ目、おめでとう」

談志と乾杯をして、ビールを口にした。

談々、関西、談春、志らく、全員が心のなかで号泣した。

私が入門して、三年目の秋のことだ。

正式には、あくる年の三月、晴れて四人揃って二つ目に昇進する運びとなった。

二つ目昇進といっても、真打ち昇進と比べれば、それほど大きな行事ではない。紋付き羽織をこしらえ（前座の間はいわゆる着流しで、二つ目になると羽織を着て高座に上がることができる）、さらに、名刺代わりともなる名前入りの手拭いを染め上げ、お世話になった人たちに挨拶に行くくらいだ。大規模なパーティーや落語会などは開催しないのが普通だ。

だいたい前座上がりがパーティーをやったところで、祝ってくれる人はそんなにいないし、落語会の集客だってたかが知れている。

だが、談志は言った。

「なんでも派手にやれ！」

寄席修業の経験がまったくない前座たちの二つ目昇進だ。世間に「これぞ立川流だ」と知らしめるいい機会でもある。談志の実弟でありマネージャー、さらには立川企画社長である松岡由雄に協力してもらい、パーティー会場は、東中野の日本閣、昇進の落語会は有楽町マリオンの朝日ホールに決まった。二つ目昇進としては、破格の披露目である。

寄席修業をしていないことで、我々はかなり悔しい思いをしてきた。

たまに他の協会、つまり寄席出身の先輩たちと楽屋が同じになることがある。当然、こちらは前座なので、楽屋仕事をする。

先輩が高座から降りてくる。

「おつかれさまでした」

「おう」

いつもどおり着物をたたもうとすると、

「おい、あんちゃんは立川流だろ。素人に着物をたたまれたら、くしゃくしゃになっちまう。やらなくていいよ」

そう吐き捨てると、先輩は自分で着物をたたみはじめた。

なんたる屈辱！

私への侮辱というだけでなく、立川流に対する否定でもある。つまりは、談志への侮辱行為だ。まあ、この手の先輩に売れている芸人はいない。

こういった人が数年後、私が売れると、そばにすり寄ってきて言うのだ。

「いつもテレビで見てます。ファンです」

そりゃ売れないわね。


披露目に備え、前座四人でパーティーの企画を考えた。

落語家のパーティーは、演芸の余興として芸人を呼ぶのが通例だ。

「師匠が驚くような芸人を呼びたいなあ」と談春。

「さだまさしはどや？　春、おまえ、さだまさしのファンやろ」と関西。

「まさか、さださんが来てくれるはずがないよ」

「あのね、師匠はさだまさしのことをそんなに知らないよ」と私。

「でも、さださんの歌を聴けば、師匠だってシビれるよ」

「そうかなあ。なんか親不孝な声だよ、さだまさしって」

「おい！　志らく、ふざけるなよ」

「三橋美智也《みはしみちや》を呼べば」と談々。

「あのなあ、そんな大物来るわけないわ！」

「でも、師匠と三橋美智也は仲良しだよ。師匠からお願いしてもらえば、きっと来るよ」

「そやなあ」

「あのね、兄さんたち、それじゃあ意味ないでしょ。我々が師匠を驚かすんでしょ。なのに師匠にお願いして三橋美智也を呼んだら、師匠は驚かないでしょ！」

「もうめんどくせえから、自分たちで歌おうか」

談春が吐き捨てた。

「そやな。師匠を驚かせるなら……うん、光ＧＥＮＪＩや！」

当時、ジャニーズのアイドル、光ＧＥＮＪＩの「ガラスの十代」という歌が大ヒットしていた。

「だけど、光GENJIをやるならローラースケートを履かないといけないよ」

談々はあきらかに乗り気ではなかった。

「それや！　みんなでスケート履いて、滑りながら踊ろう！」

「それはいいね！」談春と私の声が揃った。

年配者である談々は固まって、お地蔵さんのようになってしまった。

「ねえ、光GENJIをやるのもいいけど、師匠を喜ばす懐メロを歌うってのはどう？」

「あのな、志らく。師匠の前で三橋美智也を歌って失敗《しくじ》ったやつ、たくさんいるぞ。相当上手くないと師匠は喜ばないよ」

「談春兄さん、たしかにそのとおりだよ。このなかでいちばん歌が上手いのは兄さん。でも上手いだけじゃ、師匠は喜ばない。仮に談春兄さんが『哀愁列車』を歌ったとしても、さだまさし風になるから、師匠は怒るよ。三橋美智也がそんな親不孝な歌い方するか！って」

「あのな、さださんに言いつけるからな」

後年、さだまさしにかわいがられるようになった談春が、本当に言いつけた。「志らくの野郎！」と笑いながらさだまさしは怒っていたそうな。そして、かく言う私もじつはさだまさしが大好きで、後年、自分の独演会にさださんを招いている。

余興の話であった。

私には腹案があった。

「だからね、兄さん。上手く歌うんじゃなくて、よくぞこれをチョイスしたっていう歌にすればいいんだよ」

「なんの歌だよ？」

「戦時歌謡だよ」

私は入門以来、談志の懐メロテープの整理をやらされていた。談志は古い昭和の歌謡曲が大好きで、酔っ払うと懐メロのカセットテープをかけたり、ビデオテープを再生して酔いしれていた。

私はそれらの整理をしているうちにすっかり昭和歌謡のとりこになってしまい、談志の好きな歌はほぼ覚えてしまった。それは歌謡曲だけではなく、戦時歌謡――いわゆる軍歌にまで及んだ。

戦時歌謡のなかでも、談志がとくに好きな歌手は、小野巡《おのめぐる》。代表曲は「守備兵ぶし」。おそらく、当時の若者で、この歌をフルコーラス歌えたのは日本中で私ひとりであったろう。

パーティーでは、関西の知り合いのバンドが演奏をしてくれることになった。ウエルカムミュージックや食事タイムの音楽には、談志が好きなジャズ。「守備兵ぶし」の伴奏もお願いした。まだ若いバンドのメンバーたちは、まさか軍歌を演奏することになるとは、と本番前にグチっていた。

余興の光ＧＥＮＪＩ「ガラスの十代」はバンド演奏では雰囲気が出ないので、カラオケを使うことにした。振り付けを懸命に覚え、スケートリンクに出向き、練習する毎日に、いったいなんの披露目なのかだんだんわからなくなってきた。

いよいよ披露パーティー、当日。前座四人でかきあつめた親類縁者に知り合いなど、二百人以上が日本閣に集まってくれた。

パーティーは滞りなく進行し、いよいよ余興の時間だ。

まずは光ＧＥＮＪＩである。

四人は紋付き袴《はかま》を脱ぎ、黒いＴシャツにオレンジの短パン姿となった。Ｔシャツにはそれぞれの名前が縫い込んである。

スケート靴を履き、滑り、そして歌う。

会場は異様な盛り上がりだ。

談志がマイクを手に感想を言った。

「スケートを滑りながら歌うというアイディアはいい」

いや、それは我々のアイディアではないんです、師匠！

続いて、日の丸のハチマキを締め、戦時歌謡だ。

私がセンターに立ち、朗々と「守備兵ぶし」を歌いはじめる。バックに立つ談々、関西、談春は、歌に合わせて身体をゆする。

客はポカーン。そりゃそうだ、この歌を知っている者は皆無だろう。しかし、談志は満面に笑みを浮かべ、やりやがったな！　という感じでステージに上がると、私の肩を抱き、いっしょに歌い出した。

〽雪の満洲《まんしゆう》に夕陽は落ちる
故郷《くに》じゃ父さん達者でいてか
匪賊《ひぞく》退治に手柄をたてて
僕も上等兵になりました

うれしそうな談志の顔を見て、客も大喜び。
ただ、傍目《はため》にはまるで軍国主義者の集会だった。

二つ目に昇進すると、関係各位に挨拶回りするのが通例だ。
そんななか、私にとって予期せぬ出来事が起きた。築地の魚河岸の顔でもある談志一門の筆頭弟子、桂文字助師匠から声がかかったのだ。

文字助師匠は、もともと三升家勝松《みますやかつまつ》の名で三升家小勝《こかつ》師匠の弟子だったが、談志の立ち上げたテレビ番組『笑点』の初代の座布団運びとなり、それが縁で小勝没後、二つ目の身分で談志門下へと移った。立川談平《だんぺい》と改名し、真打ちに昇進すると、桂文字助を名乗った。若い頃から築地の魚河岸に出入りし、築地では顔のような存在。無類の酒好きで気が短くケンカっ早い落語家でもあった。

そして、前座である私が魚河岸行きを拒否した際に、誰よりも激怒した。「高田文夫の紹介だかなんだか知らねえが、オレは志らくを許さねえ！」と。

そんな文字助師匠が、築地の魚河岸の旦那連への挨拶に、談々、関西、談春とともに、志らくも連れていくと言い出したのだ。

私は正直、困惑した。

「きっと罰ゲームだな。築地の人たちはみんな、おまえのことが嫌いだからね」

そう言って、談春は私をおどかした。

当日、私はおっかなびっくり紋付き袴で築地へと赴いた。

同じく紋付き袴姿の文字助師匠が現れると、私の顔を見てニコッと笑う。

「めでたいことだ。おまえだけ省いたら、めでたくなくなっちまうだろ」

これまで兄弟子たちが世話になった店に、順々に挨拶に出向く。

「おう、立派になったなあ」

魚河岸の人たちは満面に笑みを浮かべて祝ってくれた。そして、私の顔を見ると一瞬首を傾《かし》げるのだが、すぐにこう声をかけてくれた。

「志らく、おまえも二つ目になれてよかったなあ」

以前、私を怒鳴りつけた若旦那も、

「おまえも来たのか。しょうがねえなあ、来られちまったら」

そう言って、私にも祝儀をくれるのだった。

魚河岸の人たちも、文字助師匠も、落語に登場する江戸っ子そのものだった。

数日あけて、二つ目披露興行が有楽町マリオンの朝日ホールで催された。

真打ち昇進のようないわゆる師匠方の口上はない。オープニングで四人揃って挨拶をした。

初めて着る黒紋付きに仙台平《せんだいひら》の袴。若手落語家にとっては、そこそこ値の張る代物である。安くても二十万円は下らないだろう。私の場合は、母方の祖母がこしらえてくれた。

祖母は、「身内から歴史に残るような有名人が誕生する」という占い師の言葉を信じていた。後日、呉服関係の知り合いにたしかめたところ、祖母が新調してくれた着物は数百万円クラスの高級なもので、一流の歌舞伎役者が着るような代物であった。おそらく私は談志よりいい着物に身を包んで、披露目の場に臨んでいた。

オープニングの挨拶がすむと、四人は年季順に落語を一席ずつ披露する。それぞれがいちばん自信のある落語をやった。観客の厚意もあったのだろう、いままで経験したことがないようなウケ方をした。

トリをつとめるのは我々の師匠、談志だ。

高座に上がった談志が、おもむろに落語を語りはじめた。

ネタは『庖丁《ほうちょう》』。

私たちは驚いた。談志にとって曰くつきの演目であった。

というのも、談志が若手の頃、新宿の紀伊國屋《きのくにや》ホールで「ひとり会」という定例の独演会を開催しており、あるとき、次回のネタ予告に『庖丁』と出した。並の技量では演じられない難しいネタだ。男が小唄を口ずさみながら唄のお師匠さんをクドくというのが見せ場の音曲噺でもある。昭和の名人と謳われた三遊亭圓生《えんしょう》師匠の十八番であり、圓生師匠以外はほとんど誰もやらない……いや、やれない落語だった。それを若手の談志がネタおろしでやるという。落語ファンに衝撃が走った。

本番当日。高座に上がった談志はいきなりこう言い放った。

「『庖丁』をやると言ったんだが、難しすぎて手に負えねえ。できません」

期待していた客は落胆を通り越し、怒りさえ覚えただろう。

しかし、談志はこう続けた。

「代わりに本物を聴かせてやるよ」

そう言い残して、高座から降りてしまった。

あっけにとられる客。

そこに正札付《しようふだつき》の出囃子が流れる。高座に登場したのは、なんと三遊亭圓生だ。

「えー、談志さんに頼まれまして。テヘッ」

そして、淡々と『庖丁』を語り出す圓生師匠。もちろん客は大喜びだ。一席終わったときの拍手の量ときたらなかった。

その『庖丁』のネタおろしを、談志は弟子たちの二つ目の披露目にぶつけてきたのだ。

我々弟子は震えるしかなかった。事情を知っている客も同じ想《おも》いであっただろう。

出来映えがまたすさまじかった。

事情を知らない客も談志の『庖丁』に酔いしれた。

その晩、戻ってきたアンケートはすべて談志の『庖丁』について書かれていた。もはや誰の披露目だったのかわからない。

しかし、これが立川談志のすごさなのだ。

このインパクトで、この世界を生き抜いてきた。

「悔しかったら、これを上回る落語をやれるようになりやがれ!」

師匠の『庖丁』は、そう私を焚《た》きつけているように聞こえた。

二つ目に昇進して、晴れて一人前の落語家になった。

しかし、私は迷い道に入っていく。

落語家としてのレールは師匠が敷いてくれている。その道をまっすぐに歩けばいいのだが、それでは談志の亜流になるだけだ。

本流になるには、道に迷い、そこから答えを見つけるしかない。

談志がまさにそうであった。

落語家として売れ、若くして『笑点』という人気番組を生み出し、さらには政治家にまでなった。この国をなんとかしよう、などという気持ちはみじんもなかっただろう。タレント議員がブームだからそれに乗っただけとうそぶいていた。芸人たるもの、そのくらいそそっかしいほうが魅力的なのもたしかだ。

談志は沖縄開発庁政務次官となり、わずかひと月で辞任に追いやられた。

政治家としては最低だが、落語家としては一流である。

知らない方のために少し経緯をふり返っておく。

沖縄海洋博視察での会見に、談志は二日酔いで臨んだ。

じつは談志自身、酒が残っていて会見は延期すべきだと思ったが、ある新聞記者が、「大丈夫ですよ。なんとかなりますから」と談志に言った。それならばと談志は会見を開いた。

会見で、先ほどの記者が質問してきた。

「ところで談志さん、少し酔っ払っていないですか？」

「ああ、ゆんべの酒が残ってるんだ」と談志は素直に答えた。

すると、記者は談志を責め立てた。

「公務と酒、どちらが大切なんですか！」

カチンときた談志は、タンカを切ってしまう。

「酒に決まってんだろ！」

この発言の責任をとるかたちで、談志は政務次官を辞任することとなる。

「新聞記者ってぇのは汚ねえ」と談志は憤慨していた。

こんな失言もあった。

会見で新聞記者から、「談志さん、好きなものはなんですか？」と問われた。

「火事が好きだ」と談志は答えた。

すると記者は不快そうな表情を浮かべて、

「残酷ですね」と吐き捨てた。

「なにが残酷なんだ？　あんたが、好きなものはなにかと聞いてきたから、正直に答えたまでだ。昔から言うだろ、火事とケンカは江戸の華ってな。江戸っ子は火事が好きなんだ」

　談志がまくし立てる。記者も負けじと言う。

「でも、自分の家が火事になったらイヤでしょう！」

　談志は平然と答えた。

「バカだな、おまえは。他人の家が燃えるから火事なんだ。自分の家が燃えたら火事じゃなくて、災難だ」

　これには記者も黙るしかなかった。

　当時、談志は政治家になったことで、ライバル・古今亭志ん朝に落語において差をつけられてしまったと多くの演芸評論家や好事家たちが嘆いた。しかし、それは落語を作品でしか捉えられない人たちの意見だ。

　好き嫌いはさておき、世間は談志の行動を喜んだ。

　この迷い道こそが、カリスマ・立川談志を生んだといっても過言ではない。


　私も二つ目昇進以降、迷い続けた。

　談春と、談々改め朝寝坊《あさねぼう》のらくと、深夜テレビで「立川ボーイズ」を結成し、毎週コントを披露した。するとアイドルのような売れ方をしてしまい、落語会の客席が女子高生で埋まった。落語どころではないようなこともあった。

やがて立川ボーイズは、のらくが脱落し、私と談春のふたりだけで活動するようになった。落語会はもちろん、コントと漫才だけのライブをやったり、テレビバラエティの司会、レポーターなど、コンビとしての活動は増えていった。テレビ番組『上岡龍太郎にはダマされないぞ!』やラジオ番組『上岡龍太郎のサタデー・ぴぷ!』など、上岡龍太郎先生にはとくにお世話になった。

しかし、立川ボーイズの仕事に、次第に私は限界を感じるようになった。

談志の弟子として迷うことに恐れはなかったが、コントと漫才のイメージが強くなりすぎて、落語家としての自分を見失いそうになっていた。もちろん売れることは大事だが、このままだと落語家ではなく、タレントになってしまうのではないか。

そこで私は立川ボーイズをキッパリやめることにした。

その旨を談春に伝えると、彼は立川ボーイズに未練があるのか、やめるべきではないと言う。だが、かたくなにやめたいと主張する私。場所は日本テレビの給湯室、気づけばふたりはケンカになっていた。

けっきょく立川ボーイズは解散することで話はついたが、談春が捨て台詞を吐いた。

「覚えておけよ、志らく。おまえはオレから離れても、かならずオレのところに戻ってくる」

「オレは鮭か!」

一瞬間をおいてから、ふたりは笑い転げた。


立川ボーイズを解散させた私は、真打ちになることだけを考えるようになった。

私は落語がやりたくて、落語家になったのだ。

談志に入門して、すでに十年が経とうとしていた。

そもそも私は、最短十年で真打ちに上がるというキャリアを思い描いていた。しかし、先輩の談春を見ると、一向にその気配がないのだ。

彼のほうが一年半先輩である。二つ目昇進では画策して同時に上がったが、まさか真打ちまで仲良く一緒にというわけにはいかない。やはり真打ちにはひとりで昇進したいし、本来そういうものでもある。

しかし、肝心の談春が真打ちになろうとしない。

私は、悶々《もんもん》とした日々を送っていた。

あるとき、そんな心のうちを見透かすように、談志が私に告げた。

「おまえ、真打ちにならないのか？　なってもいいぞ」

その言葉を胸に、私は談春のもとへと急いだ。

「兄さん！」

「なんだ？」

「師匠が真打ちになってもいいって」

「……」

「兄さん、先になってよ」

「でも、師匠は、おまえになっていいと言ったんだろ？」

「だけど、兄さんに先に真打ちになってもらわないとオレ、なりづらいよ」

「ふざけるなよ。なんだい、その『なりづらい』ってぇのは？　おまえに同情なんかされたくないよ」

「同情じゃなくて、やはりものには順番ってものがあるでしょう？」

「なにが順番だ、よく言うよ。二つ目のときだって、順番守ってないだろ」

「いや、だからこんども抜かさずに、いっしょに――」

「それが生意気なんだよ。抜かさずにって？　抜かしゃあよかったじゃないか。あるいは順番を守るのなら、オレが二つ目になって、しばらく待ってからなればよかっただろ！」

たしかにそうだ。

談春は理詰めで話すのが得意である。しかも、語気を強めて相手を責めるから、こちらはタジタジになってしまう。

ただ、論理が破綻している場合もある。談春が最初に言った「同情」というワードは本来、ここでは適していない。私から「順番」という言葉を引き出すためのまやかしである。

だが、このときの私には、それを見抜いて論破するだけの頭脳はなかった。

のちにも、こんなことがあった。

私も談春もすでに真打ちとなり、弟子をとるようになってからのことだ。

私は大勢の弟子をとり、そのなかに、らく朝《ちょう》という異色の弟子がいた。

私より九歳も年上で、現役の内科医だった。普通の弟子のような修業はままならない。

彼を弟子にとるにあたって、私は談志に相談した。すると、こう言うのだった。

「面白《おもしれ》えから、とっちまえ」

とはいえ、「面白い」だけで弟子にするというのもなんなので、週に一席、マンツーマンで落語を教えた。その数、五十席。談志にも認められ、晴れて二つ目に昇進した。やがてらく朝は医者をやめ、落語一本で活動するようになった。

じつはらく朝は弟子でありながら、私の命の恩人でもあった。

あるときらく朝は、体調不良の私が、甲状腺の病気――バセドー病であることを疑い、検査した結果、まさにそのとおりであった。さらに、らく朝の妻はバセドー病の専門医だったので、私の主治医になってくれた。

私はいみじくも、らく朝に言ったものだ。「おまえは、オレの命を救うために弟子になったんだなあ」と。

そして、談志亡きあとの二〇一五年、立川流一門で真打ち昇進トライアルの会が開催された。立川流の二つ目の弟子たちが半年間客前で落語を披露し、観客の投票を受けて勝ち抜いた者が真打ちになれる、というういわば賞レースのようなものだ。そこにらく朝もエントリーした。

順調に回を重ね、いよいよ来月が決勝という段階になって、一門の兄弟弟子からクレームがついた。医者と二足のわらじで活動してきたらく朝を、真打ちとして認めていいものか。そもそも、らく朝はプロの落語家なのかと。

会合が開かれた。立川流の兄弟弟子が一堂に会し、らく朝も呼び出された。

みなが喧々囂々《けんけんごうごう》、らく朝について意見を述べた。かわいそうなのは、らく朝だ。なにも悪いことはしていない。医者のキャリアをなげうってまで人生を落語に懸けてきたのに、どうしてこんな仕打ちを受けなければならないのか。仲間だと思っていた諸先輩方が、自分を仲間だと思っていなかったことを知ってしまったのだ。

私は主張した。

「談志が認めたんですよ!　なんでそれをいまさら——」

頭の悪い兄弟弟子に、そんな理屈は通じない。「医者」という肩書きがウリになって自分よりも仕事がきているらく朝に、嫉妬しているだけなのだ。

すると談春が口を開いた。

「多数決をしましょう。らく朝をプロの落語家として認めるか、否か——」

みな、大きくうなずいた。

私はそこで声を荒らげた。

「冗談じゃない！　なんて残酷なことをするんですか！　彼はこれまでプロとして活動してきたのに！　彼の人生を多数決で決めるなんて！」

すると談春は、私を怒鳴りつけた。

「バカか、おまえは！　みんなの気持ちがわからねえのか！　みんな、らく朝を仲間として認めてやりてえんだ！　このままだとラチがあかないから、多数決で決めて、らく朝を救ってやろうってんだ！」

なんて優しい兄弟子なんだ。一瞬そう思った。談春お得意の理詰めと、相手を黙らせる語気の強さ。

しかし、そこには大きな間違いがあると私は思った。

「めちゃくちゃだよ、兄さん！　論理が破綻してるよ！」

「なんだと！」

「だってそうでしょ。多数決の前にその趣旨を演説してくれたら、らく朝は救われるけど、もしもだよ、ひとりでも反対する人がいたらどうなるの？　もちろん多数決だから、らく朝は助かるが、私はその人を生涯許さないよ。兄弟子の縁は切らせてもらうよ。それにもし一定数の反対がいたら、オレはこの一門から弟子を引き連れて出ていくことになるんだよ。その覚悟で多数決やれるの!?」

　談春は蚊の鳴くような声で言った。

「大丈夫だよ、みんないい人たちだから。反対なんかしやしねえよ」

　ここが談春のかわいらしいところだ。破綻した論理で語気を強めて責めたとき、同じく相手にも破綻した論理で強めに返されると、戦意喪失してしまう。

　結局、めんどくさいからもうこのままでいいよと、落語家特有のいいかげんな流れで会合はお開きとなった。らく朝は救われ、真打ち昇進を果たした。

　私はらく朝に言った。

「おまえにいじのわるいことを言うやつは軽蔑しておけ。オレと談志がおまえを認めているんだ。堂々としていろ。この世界、人が悪いやつは絶対に売れないから」

　さて、談春との真打ち昇進問題である。

　この兄弟子と議論しても勝てないと踏んだ私は、こう言った。

「兄さんがならないなら、オレ、先になるからね」

「ああ、勝手にしな」

「勝手にさせてもらいます」

　後日、談志に聞いてみた。

「真打ちになりたいと思っているんですが、兄弟子はどうなりますか?」

「おまえが先に昇進すれば、談春より立場は上になる。談春と呼び捨てにしたってかまわないぞ」

私はそのまま、その言葉を談春に伝えた。

「オレのほうがエラくなるんだよ。それでもいいの？」

「エラくなるったって、おまえのほうが落語が上手くなるわけじゃないからいいよ」

「談春兄さんと呼ばなくてもいいんだって。これからは談春……いや、春公と呼ぶよ」

「ふざけるな」

談春は笑いながら、私のすねを蹴飛ばした。


談志から真打ちのお墨つきをもらったが、ただ昇進するのではなく、なにか世間にインパクトを与えることがしたい。

そこで、私は真打ち昇進トライアルの会を国立演芸場で開催し、談志の前で落語をすることにした。

さらに高田文夫先生、立川流顧問であるイラストレーターの山藤章二《やまふじしょうじ》先生、作家の吉川潮先生、名司会者の玉置宏《たまおきひろし》先生を、私の後見人として招いた。

私の落語は、談志十八番の『源平盛衰記』と、例の二つ目昇進の際に談志が演じた『庖丁』の二席。終了後、舞台に私と後見人が並び、そこに談志を呼び入れた。

高田文夫先生が口火を切る。

「我々は全員、志らくの真打ち昇進に反対です」

客席が笑いの渦に包まれた。

談志は満面に笑みを浮かべ、客席に言葉を投じた。

「あんたらはどうなの。こいつ、真打ちにしていいのかい？」

拍手の嵐が起こった。

「みんながそう言うならしかたねえ。真打ちになりなよ」

なかば出来レースだが、ショウとしてはまずまずだったのではないか。

晴れて私は、十年で真打ちに昇進した。

パーティーは帝国ホテル。五百人以上の来客があった。談志の顔の広さで、多くの芸能人や文化人が集まってくれた。

パーティーの司会には、なんと談春が名乗りを上げてくれた。

通常、真打ち昇進パーティーの司会は、一門の兄弟子が請け合うケースが多い。もちろん、談春は私の先輩ではある。しかし、身分は二つ目だ。他人の真打ち昇進を祝うパーティーを進行している場合ではない。

でも、そこがこの兄弟子の優しさ。なかには、パーティーでの居場所がないから、あえて司会に逃げたんだよと陰口を叩く人もいたが、司会をやってくれたのは事実。

来賓スピーチで「ダンシング・オールナイト」の替え歌をうたった人がいた。

このまま二つ目〜

〜談春立場ない（ダンシング・オールナイト）

この歌で、談春も私も心が解放された。歌ったのは、私と談春がテレビ番組でお世話になったフォークシンガーのなぎら健壱《けんいち》さんだ。

来客のほとんどが談志に縁のある人たちだったが、私が招いた大物がひとりいた。

二葉《ふたば》あき子《こ》――。

戦前にデビューし、「夜のプラットホーム」や「水色のワルツ」で一世を風靡《ふうび》した大ベテラン歌手だ。紅白歌合戦の第一回から十回連続出場した記録も持っている。御年八十。

私は二葉先生が大好きだった。

談志の影響でハマった昭和歌謡の世界。もともと歌謡曲好きで、子どもの頃から流行歌を口ずさんではいた。しかし、談志に入門した一九八五年以来、ピタッと流行歌がわからなくなってしまった。昭和歌謡に夢中になり、安室奈美恵《あむろなみえ》もミスチルも一曲も知らないが、懐メロに関しては談志を凌駕《りょうが》するほど詳しくなった。

そして、談志から教わった懐メロ歌手でいちばんの贔屓《ひいき》が、二葉あき子だった。

なんとかして私のメモリアルとなるパーティーに、二葉あき子に来てもらえないものか。ただ、ツテはない。談志の交友録にも、二葉あき子は入っていなかった。

そこで私は、二葉あき子にラブレターを書くことにした。というのも、談志も若い頃、これはという人ができると、面識がなくても懐に飛び込んでいったと聞いていたからだ。

たとえば、談志がまだ「柳家小ゑん《こえん》」の名だった駆け出し時代の話。当時、売れまくっていた漫画トリオをサウナで見かけた談志、すかさず横に座ると、こう声をかけたという。

「柳家小ゑんという落語家です。まだ売れてはいませんが、かならず売れるので友達になりませんか」

なんだかわからないが、横山ノックもおもわず「はい」と答えたそうな。

後年、こんな話もある。

やはり漫画トリオのメンバーだった上岡龍太郎先生の弟子で、スタンダップコメディアンのぜんじろうが私の楽屋をいきなり訪れた。

「志らくさん、はじめまして。上岡龍太郎の弟子のぜんじろうです」

彼のことはなんとなく知っていた。「平成の明石家《あかしや》さんま」として、テレビで一時もてはやされた。しかし、すぐにテレビから消えてしまった。漏れ聞くところによると、談志に「おまえは日本のレニー・ブルースになれ」と言われて、スタンダップコメディアンになったとか。

私の楽屋に現れたのには、理由があった。

「上岡に、『談志師匠のことが書かれた本を読んだか？』と聞かれたので、『はい、談春さんの「赤めだか」を読みました』と答えたら、『志らくの「雨ン中の、らくだ」を読まんかい！』と言われて、すぐに読んだんです。それで、仲良くなろうと思って、あなたのところにきたのですわ」

かつて談志はいきなり漫画トリオに声をかけた。以来、横山ノック、上岡龍太郎との付き合いは深い。談志が立川流を創設したときも、二人はすぐに弟子となり、立川禿談次《はげだんじ》と立川右太衛門《うたえもん》の高座名を持つに至った。

そして、今度は弟子のぜんじろうが談志の弟子である私に声をかけてきた。当然、それ以来、ぜんじろうさんとは仲良くなり、いっしょに仕事をする機会も増えた。

月並みではあるが、これはと思った人に対しては、思い切って懐に飛び込むことで深い縁につながることもある。

私はそれを二葉あき子で実践したのである。

まずは手紙を書いた。

拝啓、愛するわが歌姫、二葉あき子さま

私は立川談志の弟子で、落語家の立川志らくと申します。このたび真打ちに昇進する運びとなりました。じつは私は大の昭和歌謡マニアで、なかでも二葉あき子先生の大ファンです。二葉あき子の歌を愛しております。先生にお会いすることが夢です。その夢を叶《かな》えさせてください。私の落語家人生のメモリーに、ぜひ二葉先生に私の真打ち披露パーティーにおいでいただきたく筆をとりました。

敬具

立川志らく 拝

ずいぶんと乱暴な恋文だった。

住所がわからないので、二葉先生の所属レコード会社であるコロムビアに手紙を送った。読んでもらえるかどうかもわからなかった。

出欠の返事はなかった。

しかし、夢は叶った。

パーティーが始まる寸前、スタッフが悲鳴のような声を上げた。

「志らくさん……いや、志らく師匠！　二葉あき子先生がお見えになりました！」

ロビーに飛び出すと、杖《つえ》をついた二葉あき子がそこにいた。

「あなたがお手紙をくれた志らくさんね。おめでとう」

「ありがとうございます」

「来ちゃったわ」

「はい、お待ちしておりました」

二葉あき子は、壇上でスピーチまでしてくれた。

談志が私のそばにやってきて言う。

「二葉さんといえば、やっぱり『村の一本橋』だな」

「師匠、いちばんはなんといっても、『巴里《パリ》の夜』です」

「ちげえねえ！　あれはいい歌だ。ヒット曲の『夜のプラットホーム』がもともと淡谷《あわや》のり子《こ》の歌だってことは知ってるな」

「はい、戦前に淡谷先生が歌っていました」

「あれは淡谷さんのほうが断然いいな」

「おっしゃることはよくわかります」

パーティー終盤、挨拶に立った談志の言葉で、私は天狗になった。

「志らくは弟子です。師弟の条件は価値観の共有です。付け加えるなら、志らくは弟子でありながら、同志でもあるのです」

こんな言葉をもらって、天狗にならないほうがおかしい。

天狗になった私は、来賓へのお礼のスピーチでエラそうなことを言ってしまう。

「本日は私のために多くのお客さまにご来場いただき、ありがとうございました。私は、師匠が落語協会を飛び出してからの弟子です。つまり、寄席修業をしていない落語家です。寄席経験のない真打ちです。寄席修業をしていないことで、仕事場でずいぶんといじめられてきました。先輩の着物をたたもうとすれば、『立川流の子だろ。素人に着物をたたませるわけにはいかねえよ』と言われたこともあります。落語のオチを変え、新しいギャグをこしらえて高座に上がれば、落語協会の古株の師匠に、『そのオチ、誰に教わった？』と聞かれ、『自分で考えました』と答えれば、『落研かい、おまえさんは』とバカにされました。でも本日、これだけ大勢のお客さまにおいでいただき、お祝いの言葉を頂戴し、さらには師匠から同志だと言われました。談志の教育は間違っていなかった。落語家にとって、もはや寄席は必要ないのです。寄席がなくても、落語家は出世できるのです！」

拍手が鳴り響いたが、兄弟子たちの多くは微妙な面持ちであった。なぜなら、彼らは寄席で育ってきた。そのことを私が全否定したのだ。

二次会の席で、酔った兄弟子が絡んできた。

「おまえと高田文夫は、オレたちの仲間じゃねえ！」

おもわず私は、「そりゃ、うれしいですね」とタンカを切ってしまった。

高田先生は立川藤志楼の名で独演会を開催し、多くのお笑いファンに支持されていた。その高田先生と同じグループにくくってくれるのだから、「うれしいです」は、皮肉でもなく本心だった。兄弟子は、より腹立たしく思っただろう。

私の天狗生活は続く。

天狗は芸の行き止まりとはよく言ったものだ。地道に落語だけやっていればいいのに、映画の世界に足を踏み入れてしまった。

ふり返れば、私は映画監督になりたいと思っていた。そのために日本大学藝術学部に入学したのだ。しかし、落語家を志した時点で、映画監督は来世の楽しみに変わったはずだった。

だが天狗になった私は、今生でもその夢が叶うのではないかと勘違いしてしまった。

談志は、落語家でありながら、政治家にもなった。

ならば私は映画監督になろう!

まずは脚本だ!

当時、私は小津安二郎《おづやすじろう》に夢中だった。まったく動かない映画。静かに日常が流れていく映画。これぞ日本の映画だ。

この「静」の小津に対して、「動」の黒澤明《くろさわあきら》がいた。小津も黒澤も世界が認めた巨匠だ。

ならばこの両者を合体させてみよう。「静」と「動」が重なり合えば、どうなるか? 答えはカンタン、普通になるだけだ。邦画と洋画を合わせてみるか。『七人の侍』を西部劇に……だが、その映画はすでにある。『荒野の七人』だ。だいたいのことは、先に誰かがやっている。小津映画の対極にある映画はなんだ。アクション映画か、SF映画か。だが、かなり予算がかかりそうだ。となると、サスペンスか。サスペンスといえば、ヒッチコック。そうか、小津の世界観でヒッチコックのようなサスペンスドラマをつくろう。淡々と物語は進むが、じつは殺人事件が起こっていて——。

これは面白いぞ。私はひとり合点した。

タイトルは『異常暮色《いじようぼしよく》』だ。小津の『東京暮色』からいただいた。

いっきに脚本を書き上げると、次はキャスティングだ。落語家仲間に声をかけると、なんか面白そうだとそそっかしい連中がすぐに集まってきた。

噂を聞きつけて、立川流Bコースの弟子——つまり芸能人のミッキー・カーチスさんも、「兄さん、オレも出るよ」と言ってくれた。

ミッキーさんは大スターで、昭和三十年代後半にロカビリーブームを巻き起こした張本人のひとりだ。そのミッキーさんが談志の落語に惚れ込み、弟子となった。芸能界では大先輩だが、落語家としては私の後輩にあたるので、律儀に「兄さん」と立ててくれる。

家が近所だったので、たまにミッキーさんが私を誘いにアパートまでやってくることがあった。二階の私の部屋に向かって、下からミッキーさんが、「兄さん！　いるかい？」と声をかけてくる。天下のミッキー・カーチスが「兄さん」と呼ぶほどだから、いったいどんな大物が住んでいるんだろうと噂になったくらいだ。

弟分の安岡力也《やすおかりきや》さんに、私を紹介してくれたこともある。

「おい、力也。オレの兄さん、志らく兄さんだ」

すると力也さんは姿勢を正して、私に挨拶するのだった。

「兄さん、はじめまして。安岡力也と申します」

そんなミッキーさんも出演してくれるということで役者は揃ったが、お次は製作費がない。貯金を崩しても、とうてい足りるものではなかった。

「上納金から借りたら？」

談志の弟、松岡社長がそうつぶやいた。

「貸してくれますかね」

「貸してくれるさ。師匠は弟子から集めた上納金をどうしたらいいものか、悩んでいたからな」

私はその足で談志のもとへ駆けつけた。

「師匠！　今度、映画を撮ろうと思っていまして」

「おまえなら、いずれそう言い出すと思っていた」

「ついては資金が不足しておりまして……」

「ああ、わかった」

「ありがとうございます！」

「奉加帳《ほうがちょう》をこしらえてやるから、それで金を集めろ」

奉加帳――昔の人が商売を始めるときは、こういった帳面を持って近所を回り、資金として、いくらかの寄付を募ったという。

「オレの仲間にかたっぱしからあたってみろ。ひとり一万円と決めてな」

さすがは談志だ。自分の懐はいっさい痛めずに、映画資金を集めるための提案をしてくれたのである。

横山ノックさん、上岡龍太郎さん、山本晋也監督、笑福亭鶴瓶《しょうふくていつるべ》師匠――、次から次へ、私は奉加帳を持って、談志の仲間からお金をいただいて歩いた。またたく間に、二百万円の金が集まった。

高田先生も協力してくれた。

「タケちゃんのところに連れてってやるよ」

テレビ番組の収録現場まで行き、収録終わりに、私をビートたけしさんに紹介してくれた。

「談志師匠がいちばんかわいがっている弟子なんだ。映画をつくるっていうから、同じ異業種監督の先輩として、一万円カンパしてもらえないかな。談志師匠からのお願いでもあるし」

「ふーん……まあ、完成しても見ないよ？　でも、いい映画つくんなよ」

たけしさんは照れくさそうに笑うと、財布から一万円を取り出し、私に渡してくれた。

数日後、こんどは談志から電話があった。

「いまからＮＨＫに来られるか？」

「はい」

「五木《いつき》ひろしがいるから、金をもらってやる」

歌番組の収録現場で、談志はゲストであった。

「いま、楽屋に五木ひろしがいるからついてこい！」

楽屋の扉を開けると、衣装に着替えた五木ひろしがいた。

談志と五木ひろしは旧知の仲だった。

「おう」

「あっ、談志師匠。どうも今日はありがとうございます」

「あのな、こいつはオレの弟子なんだ。今度、映画をつくるらしくてな。なんでもいいから一万円よこせ」

「え？　あっ、はい」

五木ひろしは財布から一万円を取り出して、私に渡した。まるで追い剝《おいは》ぎである。おそらく五木さんはなぜ一万円をとられたのか、理解できていなかっただろう。

談志は、仲間からお金をもらう行為が、だんだんと面白くなってきたようだった。

「次は紘一《こういつ》つぁんから、もらおうじゃねえか」

紘一つぁんとは、政治家・加藤紘一《かとうこういち》のことである。かつて自民党宏池会《こうち》に所属していた談志にとって、政治家時代の仲間であった。

その加藤紘一の関連団体による政治資金集めのパーティーが赤坂《あかさか》で開催されているという。私はまさかパーティーとは知らず、ジーパン姿だった。もっとも談志も似たようなラフな格好であった。

会場に到着すると、すでにパーティーが始まっている。談志は、受付で「おう」と片手を上げ、なかに入ろうとした。

「あの、こちらで記帳をお願いしたいのですが――」

「すぐ帰るからいいよ」

受付の人は、立川談志だと認識したとたん、態度を改めた。

「あっ、どうも師匠。加藤はいま挨拶を終えたところです」

「そうか」

談志は「ついてこい」と言うと、会場に入っていった。

政治家のパーティー会場にいる人間は全員スーツ姿だ。そこに普段着の初老の男と若者が飛び込んできて、主役である政治家を目指して足早に歩くのだから、その様はまるでヒットマンだ。

来賓と会話をしている加藤紘一を見つけると、談志はぐんぐん近づいていった。

「おう！　紘一つぁん！　志らくを連れてきた」

加藤紘一は一瞬たじろいだ。

そりゃそうである。政治の世界で「しらく」と言えば、当時のフランス大統領、ジャック・シラクである。

驚いた加藤紘一は声を上げた。

「え！　大統領が？」

「いや違うよ、オレの弟子なんだ」

「驚かせないでよ、師匠」

「でな、映画をつくるんだ、弟子がな。だからいま資金集めをしているんだ。紘一つぁん、すまないが一万円寄付してくれねえかな」

「ああ、そういうことね」

加藤紘一は大きくうなずくと、マイクを手にした。

「みなさん、立川談志師匠が駆けつけてくれました。なんでもお弟子さんにフランスの大統領がいまして、シラクさんという。本物じゃないですよ。面白い名前をつけるもんですねえ。でね、そのお弟子さんが映画をつくるというので、寄付をさせていただくことにしました」

そう言うと、私に一万円を渡してくれた。

帰り道、談志は私に言った。

「政治家のカネ集めのパーティーで政治家からカネをとったのはおまえだけだ」

ほめられているのかわからないが、妙にうれしかった。


製作費、二百数十万円。

撮影日数、一週間。

仲間たちとまるでサークルの合宿をしているような感覚で映画を完成させた。

小津ワールドとヒッチコックワールドの融合。どんなすごい映画になるのか。

談志も完成前に色紙にメッセージを書いてくれた。

「志らくが映画をつくった。間違いなくいい映画だろう。理由は志らくだから」

高田先生も喜んでくれて、ライフワークであるニッポン放送のラジオ番組『ラジオビバリー昼ズ』の主催で、完成披露試写会を企画してくれた。会場はフジテレビのあるお台場《だいば》のシアターで、観客はビバリー昼ズのリスナーたちだ。

私はまるでハリウッドの巨匠のような雰囲気で試写会に臨んだ。

しかし——。

上映が終わると、客席はお通夜状態であった。

高田先生のコメントは一言。

「武士の情けだ。なにも言わないでおく」

だが、アドレナリンが出まくっている私にはそれが伝わらない。素晴らしさのあまり、みな声が出なかったのだろうと思い込んだ。

そして、ひとりで怪気炎をあげた。

「次は銀座で試写会を開こう！　師匠をはじめ、真打ちパーティーに来てくれたお歴々も招いて！」

これが地獄の始まりだった。

会場は銀座のホール。お台場のときとは違って、ハナから私を応援してくれている客が大半である。

だが、結果は変わらない。上映後はお通夜だった。

客席には談志、立川流顧問の山藤章二先生、さらに私の永遠のマドンナ、薬師丸《やくしまる》ひろ子《こ》の姿まであった。

彼女との出会いは、試写会の数ヵ月前にさかのぼる。

談志がかわいがっていた放送作家の髙平哲郎《たかひらてつお》先生の演出で、私と、柳家小さんの孫で盟友ともいえる柳家花緑《かろく》とで、ふたり芝居をやった。その際、私が薬師丸ひろ子のファンだと知った髙平先生がこんなことを言ってくれた。

「こんどな、『雨に唄《うた》えば』のミュージカルの演出をやるんだ。ヒロインが薬師丸ひろ子で。おまえ、観に来いよ。紹介してやるから」

私は夢見心地で劇場に足を運んだ。

終演後、髙平先生が彼女の楽屋へ連れていってくれる。

「おい、ひろ子。落語家の志らく。おまえのファンだってさ」

正直、もう少し私を立てて紹介してくれるものだと思っていた。

どうせなら、「若手ナンバーワンの落語家だ」とか、「談志の後継者の志らく師匠だぞ」とか。それが「おまえのファンだってさ」ときたもんだ。

しかし、実際のところ緊張しまくっている私は、ファン以外の何者でもなかった。

「は、はい、ファンなんです。お芝居、素晴らしかったです――」

それ以上、言葉は出てこない。それでもなにか印象を残さなくてはと思った私は、

「こんど落語の独演会があるので、ぜひ」と、とっさに付け加えた。

落語会の宣伝をしている場合じゃない！

でも、これが吉と出た。

数日後、国立演芸場で行われた私の独演会に、薬師丸ひろ子はなんの前触れもなくたったひとりで現れたのだ。

終演後、こんどは逆の立場だ。薬師丸ひろ子が私の楽屋を訪れた。ただ、やはり私はただのファンでしかなかった。彼女にペコペコとお辞儀をしまくり、まるで付き人のごとく、帰りの駐車場まで送っていった。

別れ際、こう言うのが精一杯だった。

「じつはいま、映画をつくっているんです。完成したあかつきには、ぜひ試写会においでください！」

「はい、かならず」

私は舞い上がり、仲間たちに自慢して回った。ほとんどの人は社交辞令だと私を笑った。だが、社交辞令ではなかったのだ。

薬師丸ひろ子は本当に試写会にやってきた。しかも席は、ぼくの横……って、なにがぼくだ！

自分がつくった映画を、あこがれのスターと並んで観る。こんな夢のような話があるだろうか。

しかし、それっきり。二度と彼女が私の前に姿を現すことはなかった。

じつは試写会の前に高平先生から、薬師丸ひろ子を誘って自分の新作舞台に来いよと言われていた。その旨、彼女のマネージャーを通して伝えると、二月十四日ならばご一緒できますとの返事があった。

バレンタインデイに薬師丸ひろ子と観劇できるなんて！

だが、私の試写会の翌日、彼女のマネージャーから、仕事のため観劇をキャンセルさせてほしいとの連絡が入った。それ以来、落語会のお知らせを出そうがなにをしようが、ナシのつぶて。それだけ映画がヒドい出来だった、ということだろう。

試写が終わり、怒っている人もいた。

私の真打ちの後見人にまでなってくれた山藤先生は、帰り際、受付のスタッフに向かって、「私はこんなものにつきあっているヒマはないんだ！」と吐き捨てた。

上映後、ステージに談志を引っ張り上げて数分間のトークがあった。

談志はなかばあきれたような表情で言った。

「ひでえものをつくりやがったなあ」

おもわず私は反論してしまった。

「いや、師匠、それでも最後まで観てくれたじゃないですか。先日の『フェイク』の試写会では、途中で観るのをやめたのに――」

数日前、アル・パチーノとジョニー・デップ主演の映画『フェイク』の特別試写会が同じ銀座で開催され、上映後のトークショーとして、談志とミッキー・カーチス、タレントの三井《みつい》ゆり、そして私が登壇することになっていた。

しかし、上映の途中で談志は席を立ってしまったのだ。

ロビーに出た談志はスタッフに言った。

「ダメだ、観ていられねえ。帰るよ」

ふたりのスタッフが談志を必死に止めようとした。

「帰られたら、困ります！」

「困るのはおまえらだ。オレは困らねえ」

建物をあとにした談志を、弟でマネージャーの松岡社長が追いかけて、なんとか引き戻したという。

そんなドタバタがありながら、トークショーが始まった。

登壇した談志はあきらかに不機嫌である。一言もしゃべらない。司会の人がたまらず、

「談志師匠、映画、どうでしたか？」と振った。

「オレの態度を見ればわかるだろ。これがすべてだ」

「なにかご感想を——」

「感想？　ないな。言うなれば、こんなヒドい映画はありません。ギャング映画の美学も、リスペクトも感じられない。まだ観ていない人たちにアドバイスするならば、こんな映画は観ないことです」

関係者はみなひきつっていた。

「談志師匠一流のジョークでございました」

司会者がなんとかその場の空気をとりなそうとしたが、

「ジョークじゃないよ。オレの感想だ」と談志。

「……はい。ではミッキー・カーチスさん、この映画をどう捉えましたか?」

「私もだいたい師匠と同じですね」

ミッキーさんはあきらかにこの状況を楽しんでいた。ミュージシャンならではのカンが働いたのだろう。この瞬間が、のちに談志伝説のひとつになるかもしれない。ならば談志に乗ってしまったほうが面白いだろうと。

「では、三井ゆりさんは?」

司会者の額から玉の汗が噴き出すのが見えた。

「あのう……、たぶんみなさんのおっしゃるとおりなんだと思います」

すると談志が口を開いた。

「無理してオレたちに合わせることはないんだよ。あんたのような若い子には、この映画は面白いのかい? 面白いと思うなら、それはそれで否定はしない。ただ、いい映画を観ていないから、この程度の映画でも感動できるんだ。まずはジェームズ・キャグニーの『白熱』を観てごらん。素晴らしいギャング映画とはこういうものだということがわかるから」

「はい。わかりました。観てみます、『白熱』を!」

もはやなんのための試写会だかわからなくなってしまった。

「志らくさんもこの映画、ダメでしたか？」

司会者の目は、あきらかに私にすがっていた。ひとりぐらいこの映画をほめてほしいと。

私はアル・パチーノの大ファンだ。

意を決して、やや大げさにこの映画を持ち上げた。

「師匠たちはそうおっしゃいますが、アル・パチーノの哀愁のある演技はさすがでしたし、ジョニー・デップとのバランスも見事。現代のギャング映画として、傑作と呼べますよ」

すると談志は、私の顔をじっと見つめてこう言った。

「おまえ、本気でそう言っているのか？」

完全に心の内が見透かされていた。

「いえ、あの、『スカーフェイス』なんかと比べたら、同じアル・パチーノのギャング映画として、はるかに及びませんが……」

このときの出来事が念頭にあった。

なので私は、自分の試写会で席を立たなかった談志に言ったのだ。

「ということは、私の映画は最後まで観てくれたのですから、少なくとも『フェイク』よりは面白いと判断していいんですよね」

「いや、それは違う。たしかに『フェイク』はたいした映画じゃないが、おまえの作品とはクオリティが違いすぎる。おまえの映画を最後まで観たのは、おまえに対する義理だ」談志にも見放された。

それでも懲りずに私は、このあとも四本の映画をつくる。

どれも駄作だった。

落語ファンには、「映画さえ撮らなければいい落語家」と揶揄されるようになった。

天狗の鼻をへシ折られ、気づけば私は道化になりさがっていた。


鼻をなくした天狗はしおらしくなった。

道標《みちしるべ》でもあった鼻をなくすとともに、平衡感覚まで失ってしまった。

私は、映画の失敗は己の演出力のなさにあると思い込んだ。

ならば演出の勉強をしよう。それには演劇がいちばんだと考え、こんどは芝居の世界に足を踏み入れた。

下町ダニーローズという劇団を旗揚げした。名前は、私の大好きなウディ・アレンの名作『ブロードウェイのダニー・ローズ』から拝借した。そして、今度は仲間内に声をかけて演劇を始めた。

舞台はライブなので、客席がお通夜状態という事態に陥ることはなかった。とはいえ、しょせんは素人のお遊びにすぎない。

そもそも私は、映画であれば子どもの頃から何千本という作品を観てきたが、演劇はほとんど観ていなかった。演劇を観ていない素人に、素晴らしい演劇がつくれるはずもなかった。

ただ、ここで大きな出会いがあった。

向田邦子《むこうだくにこ》の『あ・うん』である。

私は向田邦子が大好きだった。演劇のことはわからないが、大好きな向田邦子の世界を舞台にしてみたいと思った。

向田邦子の妹、和子《かずこ》さんと会ってその思いをぶつけたところ、舞台化の許可が下りた。私は自らの演出脚本主演で、二度にわたって、『あ・うん』を舞台化した。

舞台『あ・うん』の評判はわるくなかった。観劇した山田洋次《やまだようじ》監督が、「今年観た芝居のなかではいちばん!」とほめてくれたほどだ。

ちなみに私は大の『男はつらいよ』ファンで、あるとき、独演会で「『男はつらいよ』全四十八作独り語り」という漫談を披露したことがあった。第一作から第四十八作まで、それぞれの見所、マドンナ、ゲストについてなどを五十分ほどで語るという内容だ。なんと客席に、噂を聞きつけた山田洋次監督がいらしてくれてこれが初めての出会いとなるのだが、後日、高田文夫先生がこんな話を教えてくれた。

「客席でオレのそばに山田洋次が座っていてな、おまえの漫談を聞いて、『オレより「男はつらいよ』に詳しいな』と言っていたぞ」

以来、私は山田洋次公認の寅《とら》さん博士となった。

その巨匠に、今度は芝居をほめられたのだ（……おっと、また天狗の鼻が生えそうである）。

極めつきは、上演中日。カーテンコールの拍手を浴びて、意気揚々と舞台から降りると、スタッフが駆け寄ってきた。

「談志師匠がお見えになってます」

「えっ、師匠が！　いま来たの？」

「いえ、最初からご覧になっていました」

「なんですぐ言わないんだよ！」

「松岡社長が、志らくに伝えたら緊張するから、終わってから教えてやれと」

私は衣装のまま、談志のいるロビーへと駆け出た。

「師匠！　ありがとうございます」

「ああ。オレは向田邦子のことはよく知らないが、この芝居はもともと台本があったのか？」

「いえ、テレビドラマで十時間以上あったものを、新たに私が舞台用に書き直しました」

「そうか。面白かったぞ。オレが教えたものがだいたい入っていた。これならば、どこに行ってもいいばっていいぞ」

「はい！」

……ニョキニョキ。

ついにまた、天狗の鼻が生えてきてしまった。

それも、前回よりも長く、長く。

談志と山田洋次にほめられた私は、それ以降、演劇の世界にのめり込んでいく。

調子に乗りまくって、大林宣彦《おおばやしのぶひこ》監督の映画作品を舞台でやらせてくれと直談判《じかだんぱん》してしまう始末。

談志と大林監督は親友同士だ。しかし、談志は大林監督の映画を一本も観ていなかった。

「観なくてもわかるよ。オレはあんたを信用してるからさ」

「うん」

「あんたの映画は人をやたらに殺したりしないよな」

「うん。近頃の映画は殺しまくってイヤだよな」

「落語は人を殺さねえもん」

「そうだね。だから品があるんだ」

「下品はイヤだ」

「イヤだね」

こんな会話をしていた。

私は、談志が観ていないが信用していると言った大林映画を、片っ端から観てみた。

素晴らしい！

子どもの頃、大林監督の映画『転校生』を観て、あまりよい印象を持っていなかったのだが、それは私がガキでこの世界のよさがわからなかっただけだ。大林ワールドとは「変質的なファンタジー」。変質とファンタジーは水と油、相容《あいい》れないものだ。それを共存させている凄さ。本質は落語と同じだと気づいた。そして落語家がやる演劇に、大林作品はもってこいだと思った。

私は許可をもらうべく、監督の事務所に出向いた。

「監督、ぜひとも私に大林作品を舞台化させてください！」

「うん。で、どの作品をやりたいんだ？」

「『あした』です」

私は『あした』の魅力を懸命に語った。

それを受けて、大林監督が言った。

「いいよ、了承した。君がもし、『さびしんぼう』をやりたいと言ってきたら、どこか利用しようとする気持ちが見えるから断ろうと思った。でも、『あした』がやりたい、という。『あした』はね、ファンのことを考えず、自分が撮りたいものを純粋に撮った作品なんだ。それを愛してくれる君の心にウソはないはずだ」

こんなことを言われたら、落語どころではなくなってしまう。

私は夢中になって、大林作品『あした』を舞台にした。

それと反比例するように、肝心の落語は疎《おろそ》かになっていった。

その頃、世間ではちょっとした落語ブームが巻き起こる。

きっかけは、宮藤官九郎《くどうかんくろう》が脚本を書いたテレビドラマ『タイガー&ドラゴン』だ。主演は、人気アイドルの長瀬智也《ながせともや》と岡田准一《おかだじゅんいち》だ。落語家に弟子入りしたヤクザを長瀬が演じた。寄席には若者が続々と押し寄せていた。

さまざまな雑誌が落語家の特集を組んだ。以前なら、そうした特集で志らくの名前が挙がらないことはなかったが、このブームではまったくと言っていいほど蚊帳の外。それでも私は我関せず、演劇に夢中だった。

そんなある日の深夜、電話が鳴った。

私の弟子からだ。

「師匠、いま高田先生といっしょです」

「ああ今日、先生のイベントだったたな」

「先生が、師匠にこれから来いって」

「え？　もう十二時回ってるぞ」

「とにかく怒っているんですよ」

「いや、今日は仕事で行けないと先生には伝えてあるはずだけど」

「すぐに志らくを呼べって。お願いです、すぐに来てください」

「ああ」

なぜ高田先生に呼び出されたのか、理由は皆目見当がつかなかった。それでもタクシーに飛び乗り、高田先生のいる銀座の居酒屋へと駆けつけた。

私の顔を見るなり、高田先生が言った。

「おまえ、顔つきが変わったな」

「え？　いや、先生、今日は落語会があって、どうしても先生のほうにはおジャマできなくて――」

「いいから座れ」

先生は相当ご酩酊の様子であった。

「おまえ、そんなに演劇が楽しいのか？」

「もちろんです」

「おまえはあれか？　演出家にでもなろうってぇのか。それとも舞台役者になりたいのか？」

「いや、演劇をやることで、落語がより面白くなるのではないかと――」

まやかしの理論武装だった。

演劇をやることで、落語が面白くなる。だからこそ演劇をやっている。

たしかにそれは事実ではある。

あらゆるエンターテインメントは芸の養分になるだろう。

当時、私を贔屓にしてくれていた作家の嵐山光三郎《あらしやまこうざぶろう》先生も、そう私に言ってくれた。

その反面、私はどこかで高田先生を避けていた節もある。

理由はハッキリしている。高田先生が私をよく思っていないことに、うすうすカンづいていたからだ。

それでも、私の周りには嵐山先生のような作家がついていてくれている。銅版画家の山本容子《やまもとようこ》さんや、歌手の石川《いしかわ》セリさんも応援団でいてくれた。ただ、彼らもまた、駆けつけてくれるのは落語会であり、演劇ではなかった。

演劇をやるのもいいだろう。しかし、どちらに軸足があるのかが問題だ。

落語に軸足があっての寄り道ならば、芸の養分にもなる。

かつての談志がそうだった。

政治家になっても、軸足は落語にあった。落語を捨ててまで政治に力を入れることはなかった。

だが、このとき私の軸足は、完全に演劇の側にあった。

酔っ払った高田先生が言う。

「おい、志らく。初めてオレの前で落語家になりたいと言ったおまえは、どこに行っちゃったんだ。談志師匠の弟子になりたいですとキラキラ輝いていたあの目は、もうつぶれちまったのか?」

返す言葉がなかった。

高田先生の小言は朝まで続いた。

ようやく解放されたとき、私は人気のない銀座の町にたたずみ、泣いた。

数日後、談志が高座で私のことを話していたと聞いた。

談志はこう言ったという。

「志らくは落語をナメている」

第四章

天狗の鼻はへし折られてもダメだった。また生えてくる。根こそぎ取らないと。

私は天狗の鼻を自ら抜き取った。

四十代も半ばになっていた。以降、私は軸足を常に落語に置くことにした。

談志の地方の落語会にもよくついていった。

本来、地方での独演会は前座が一席、談志が仲入りを挟んで二席、というのが基本パターンだ。しかし、私が入ると仲入り後、つまりトリの前に一席、私が高座をつとめるというかたちになった。客は、談志の一席目ですでに談志ワールドに染まっている。そのなかに出ていき、ましてや直後にまた談志が控えているという状況で落語をやるのは、私にとってかなりの勉強になった。

ある夏の日、談志独演会の北海道ツアーが組まれた。札幌を皮切りに、室蘭《むろらん》、登別《のぼりべつ》、苫小牧《とまこまい》、函館《はこだて》と移動しながら、約一週間にわたって興行を行う。私もツアーに同行し、出演することになった。地方でそんなにも長い間、談志と行動をともにするのは初めてのことだった。

新千歳《しんちとせ》空港に到着すると、談志が言った。

「ラーメンでも食うか」

空港内にあった札幌ラーメンの店に飛び込むと、店主は談志の訪問に全身で喜びを表した。すぐに店員にサイン用の色紙を調達するよう命じているのがわかった。

談志と弟の松岡社長、前座、そして私の四人。皆、同じ味噌《みそ》ラーメンを注文した。私は「これが本場の味噌ラーメンか」と感動した。

しかし、談志は違った。箸を止め、怒鳴った。

「しょっぺぇ！　ダメだ、これは」

そして、カウンターの奥にいる店主に声をかけた。

「お湯で薄めてくれ！　しょっぱすぎて、食えたもんじゃねぇ」

店主の表情はこわばり、用意させた色紙を身体の後ろに隠すのが見えた。

「おい、由雄。お前はしょっぱくねえか？」

「はい、しょっぱすぎますね。私のもお湯で薄めてください」

松岡社長もスープをお湯で薄めてもらうと、私に言った。

「おい、志らく。君も薄めるかい？」

店主は涙目になっていた。私は気の毒になり、それに、もともと別段そこまでしょっぱいとも思っていなかったし、むしろ美味しいと感動すらしていたので、「私は大丈夫です」と答えた。

「そうか、志らくは若いから、このぐらいの辛《から》さは平気なんだ」

そう言う松岡社長に向かって、談志が吐き捨てた。

「いや、こいつはバカだから、味もなにもわからねえんだ」

そして、店内に響き渡るほどの力強い声で、私に言った。

「志らく、よく覚えておけ。北海道に来たらラーメンを食うな！」

ほかの客の箸も止まってしまった。

それなのに、なんとあくる日からツアー中の昼食は毎回ラーメンなのだった。

最終日の昼はさすがに談志もラーメンに飽きたのか、「今日は蕎麦にしよう」と言い出した。

「北海道の蕎麦はなかなかいけるんだぞ」

そう言いながら、地下食堂街の蕎麦屋の暖簾《のれん》をくぐった談志は、「オレは天ぷら蕎麦にする」と上機嫌だ。だが、注文をとりにきた若い娘の店員は談志のことがわからず、接客もじつにそっけない。

談志はみるみるうちに不機嫌となった。

「オレはよす。この店は食わなくてもたいしたことがないとわかった。よそでひとりで食ってくるから、おまえたちはここでがまんして食え。オレのぶんは、みなで分けろ」

そう吐き捨てると、蕎麦屋をあとにした。

私は蕎麦を急いでやっつけ、談志をさがしに出た。すると、ラーメン屋のカウンターでひとり寂しそうに背中を丸めてラーメンを食べているところを発見した。

「またラーメンかい！」

私は心のなかで笑いながらツッコんだ。そもそも、北海道に来たらラーメンを食うなと言っていたのだ。なのに談志は、『オバケのQ太郎』に登場するラーメン好きの小池《こいけ》さんのように常にラーメンを食べていた。


北海道ツアーの数ヵ月後、今度は四国での談志独演会に同行した。

楽屋に到着すると、昼食用に弁当が用意されていた。天ぷらに刺身、うなぎが入った、じつに豪華な弁当だ。

ただ、談志はそれが面白くない。

元来、談志は弁当を好まない。安くても温かいものをほしがっていた。なので落語会の昼食は、店屋物を頼むのが基本であった。だが、なにかの手違いで、豪華な弁当が用意されてしまったのだ。

「おい、由雄。カレーでも頼むからな」

「わかりました。じゃあ、弁当は前座がぜんぶ食べなさい」

前座の前に、談志と松岡社長の弁当が置かれた。自分のも含めれば、三人前だ。

「志らく、おまえはどうする？」

前座は、「これ以上はもう食べられません、お願いします……」というすがるような表情をしていたが、しかし北海道の一件もある。弁当を選べば、また談志になにを言われるかわからない。前座は不憫《ふびん》だが、これもまた修業のうちだと心の内で呼びかけながら、こう答えた。

「私もカレーにします」

「そうか。ただ、オレもカレーでお前もカレーというのは、師匠としてのプライドが傷つく。オレはカツカレーにしよう」

けっきょく談志と松岡社長の前にはカツカレー、私の前には普通のカレーライスが届けられた。

いざ食べようとして、談志が口を開いた。

「オレはべつにカツカレーが食べたいわけじゃない。プライドの問題でカツカレーを頼んだだけだ。だから、カツはいらない。おまえにくれてやる」

そう言うと、私のカレーライスの上にカツをぐちゃっと流し置いた。そんなことをせずとも、皿ごと交換すればいいだけなのだが。

さらに談志が続ける。

「オレにはサラダもついてきた。これもいらないから、おまえにやろう」

どうやら落語会の主催者が気を回して、カツカレーセットにしたようであった。

私はありがたくサラダを頂戴した。

「スープもお前にやる」

「ありがとうございます」

私のカレーの周りがとても賑《にぎ》やかな雰囲気になった。

談志がカレーを口に運び出した。私はサラダから食べようとするのだが、フォークが見当たらない。ふと見ると、談志のカレーの脇に置いてあった。

「師匠、ちょいとそれを――」

私が手を伸ばすと、談志は少し怯えたように怒鳴った。

「なんなんだ！　今度は水まで持っていっちまうつもりか!?」

……いや、まったく意味がわからねえですよ、師匠！

談志と同行することが多いと、当然つなぐ機会も増える。「つなぐ」とは、談志が高座に上がる用意をするまで落語を延ばして、時間をかせぐということ。

寄席でよくあるのが、次の演者がまだ楽屋入りしていないため、その前に上がる落語家がつなぐというパターンだ。昔の寄席では、落語家は羽織を脱ぐとそれを舞台袖に放る。羽織は舞台袖からちょいと高座にはみ出たかたちになる。この羽織を前座が袖に引き込むと、次の演者のスタンバイができたという合図となる。その名残として、いまでも落語家はマクラから噺に入るタイミングで羽織を脱ぐのである。「おあとがよろしいようで」という決まり文句は、「よいオチがつきました」という意味ではなく、「おあとの人の用意が整ったようで」という意味なのだ。

しかし談志の場合、楽屋入りしていても油断できない。

「師匠、出番です」

「志らく、ちょいとつないでこい」

「ええっ!?」

楽屋を訪れた友人との会話に花が咲くと、なかなか支度をしてくれないのだ。前座が一席終えて、次が出番であるのにまだ着物に着替えていない……なんてことはしょっちゅうであった。

それでも楽屋入りしてくれていれば、まだいいのだ。

私が真打ちになってまもない頃、こんな事件が起きた。

談志独演会、場所は銀座ブロッサム。当時はまだ銀座中央会館という名前だった。

開口一番を託されていた私は前日、談志の仕事場まで出向き、挨拶をした。

「明日の独演会、前をつとめさせていただきます」

「なにをやるつもりだ？」

「『抜《ぬ》け雀《すずめ》』をやろうかと」

「志ん朝のネタか。ちょいと聴いてみたいな。オレはな、明日やりたい噺があるから、持ち時間十五分でやれ」

「……あっ、はい」

普通に『抜け雀』をやると三十五分はかかる。私はそれを編集し、談志独演会用に二十五分まで短くしていた。だが、十五分でやれという。しかも、私の『抜け雀』を聴きたいと言われてしまった。私は家に戻るとストップウォッチ片手に、さらなる編集作業に勤しんだ。

本番当日、開演時間になっても談志は現れなかったが、私がやっている途中に来るだろうと思って高座に上がった。かなり駆け足の『抜け雀』ではあったが、客の反応はまずまずであった。この内容であれば談志も喜んでくれているだろうと思いながら高座から降りると、スタッフがあわてていた。

「談志師匠がまだ来ていません！」

松岡社長が私に言った。

「もう一回上がれ！」

命じられるままに、私はもう一度高座に上がった。

「えー、師匠がまだ来ていません」

どっと笑いが起きた。客からすればいつものこと、という感じであった。

私は十五分ほどの軽い噺を演じた。客も好意的だったためか、『抜け雀』よりウケた。

高座を降りると、松岡社長が声を荒らげて言った。

「もう一度上がれ！」

「え⁉」

「まだ、来てないんだよ」

「ほかの弟子は⁉」

「前座しかいないんだ。ここで前座を上げるわけにはいかないだろう！」

しかたなく私は、また高座に上がった。

「すみません、まだ来ていないんです」

こんどは客席からため息が漏れた。

念のため、私は少し長めに二十分ほどの噺をやった。ほぼウケない。

そして、おそるおそる高座を降りると、舞台袖に悲痛な顔をした松岡社長が佇んでいた。

「家は出たみたいなんだ。いま弟子が駅に向かっている。もう一度、頼む」

私は能面のような表情で、四度目の高座に向かった。もはや客は怒っていた。

「もう一席やります」

そう私が言うと、客席に「え〜！」というブーイングが起こった。

「この期に及んで普通に落語をやってもいい迷惑でしょうから、談志・志ん朝の『笠碁《かさご》』をやります」

客席は無反応だ。

「友だち同士が『待った』をきっかけに大ゲンカしてしまう、おなじみ『笠碁』という落語を、談志と志ん朝のモノマネでやってみます」

ここまで説明すると、客席が少しざわついた。

以前より私は、『笠碁』を談志と志ん朝師匠のモノマネで演じたら面白そうだなと思っていた。それを客前で演じたことはなかったが、この状況ならアリだと判断した。談志と志ん朝が口ゲンカをする前代未聞の落語。全編アドリブだ。客席はすさまじいウケ方だった。

私は意気揚々と高座を降りた。さすがに談志は来ているだろう。そう思ったが、前座が叫んだ。

「お仲入り〜！」

声とともに、幕が閉まった。談志がまだ現れないので、休憩となってしまったのだ。

この休憩中に談志が不機嫌そうに現れた。

「駅まできたが、雨が降ってきたから、一度ウチに帰っちゃったんだ」

子どもか！

「志らく、おまえ、なにをやったんだ？」

「『抜け雀』ほか、三席やりました」

「そうか」

そうか……って。こんなことなら『抜け雀』を普通にやればよかった。

仲入り後、万雷の拍手のなか、談志が高座に上がった。

自分が遅れたことをまったく詫びようともしない。

それでも客は喜んでいるのだから、謝ることもないのだが。

そういえば以前、私が二つ目に昇進した直後、テレビで『家元ショー!!　ダダダダッ談志ダ！』という番組があり、毎回ゲストを呼んで談志が対談をするのだが、ゲストに長嶋《ながしま》茂雄《しげお》を迎えた回でのこと、なんと談志は、あの長嶋を三時間も待たせた。

しかも、遅れてスタジオ入りした談志は、長嶋に頭を下げることもなく、こう言った。

「あんたは天才だから、こんなことでは怒らないだろうな」

「ハイー」

答える長嶋も長嶋であった。

今回もまた、談志は客に詫びることなく、言葉を続けた。

「雨が降ってたから、落語をやるのがイヤになっちまってね……」

客席に割れるような笑いが湧き起こった。

「志らくのやつが四席もやってつないだって——？」

私はてっきりほめられると思ったが、違った。

「バカだね、あいつは。長え噺《なげ》をやれ！」


まさかの小言が飛んできた。

「いい芸人は、つないでいることを客に悟らせないんですよ」

あのね師匠、それは寄席の話。これは独演会だ。客に悟らせないように一時間も語っていたら、いったい誰の独演会なんだと客に怒られますよ。


それからしばらくして、談志、談春、志らくの三人の会が有楽町のよみうりホールで開催されることになった。談春は私に遅れること二年で真打ちに昇進。それぞれ談志との親子会は何度かやったことがあったが、三人会は初めての試みだった。

本番数日前、私の独演会があり、楽屋に談春が訪ねてきた。

「どうしました？　兄さんが私の会にくるなんて珍しい。私の落語を聴いて、どうやったら面白くなれるか勉強にきたんですか？」

「バカヤロ、お前の落語なんか聴いたら落語家をやめたくなるよ。今日きたのはほかでもない、師匠との会のことだ」

「ああ、はい」

「おまえはなんの落語をやるつもりだ？」

「先日の仇を討つわけじゃないけど、『抜け雀』をやろうかと」

「バカだなあ、おまえ。『抜け雀』は志《し》の輔《すけ》兄さんの十八番で、師匠も認めてるから比べられて損しちまうぞ」

「でも、私なりの『抜け雀』ができたので……」

「『子別れ』やれよ。おまえの十八番だろ？」

『子別れ』は大ネタで、人情噺である。まさか談志の前に上がって、『子別れ』をやる度胸はない。私が口ごもっていると――。

「リレーでやろうよ、オレと！」

「兄さんと？」

「オレが『上』をやるから、おまえが『下』をやれよ」

上、つまり『子別れ』の前半は、主人公の熊五郎《くまごろう》がご隠居さんの弔いの帰りに、紙屑屋《かみくず》の友達と強飯《こわめし》を背負って吉原《よしわら》に遊びに行く話――通称「強飯の女郎買い」。いわゆる噺の導入にあたる噺だ。じつに難しい噺だが、粋に演じることができれば好事家は喜ぶ、というマニアックな落語である。

後半の下は、それがきっかけで離縁してしまった熊五郎がのちに改心して、別れた息子と再会したのち、妻とヨリを戻すという話。子供との再会の場面など見せ場が多く、泣かせどころもある。

私は談春に押し切られ当日を迎えた。

談春は私の弟子をつかまえてこう言ったそうである。

「見てろよ。オレの美学の塊の『強飯の女郎買い』を聴いたら、野暮な下なんか誰も聴いていられなくなるから」

談春は私を潰しにかかるつもりで、意気揚々と高座へ上がっていった。しかし、客席の反応は鈍かった。

談春の計算ミスだ。談志と談春、志らくの会ゆえ、相当マニアックな客が集まってくるだろうと計算した談春だったが、なにしろよみうりホールは千席以上の大きな劇場だ。落語初心者のお客さんも相当数いた。その客層に向かって開口一番、前座もなしで『子別れ』の上、それも各々の持ち時間の関係もあってマクラもなしでいきなりぶつけたって、ウケるわけがないのだ。

次に上がった私は、先日の銀座中央会館でつないだ話を振った。

「今日は談志はきてますから。それでも師匠が高座に上がらなかったら、私と談春とで

『芝浜《しばはま》』のリレーをやります」

私は笑いと涙を交互に『子別れ』の下を気持ちよく演じた。袖で聴いていた談春は、やはり私の弟子をつかまえて悔しがっていたという。

「なんだかおまえの師匠の引き立て役になっちまったなあ……」

仲入りをはさんで、談志の出番だ。

高座に上がる直前、談志が振り返って私と談春に吐き捨てた。

「最近、オレが『子別れ』をやっているのは知っているな？」

それまで『子別れ』の上だけしか演じてこなかった談志だが、たしかにここ数ヵ月、下を含めた全編を好んでやるようになっていた。師匠が最近やりはじめた噺であるのなら、弟子はそれを避けるのがマナーである。

つまり、私たちはしくじったのだ。

「す、す……すみません」

口ごもりながら頭を下げる私。

一方、談春は悪ガキそのものの表情で私を指さし、こう言ってのけた。

「でもね師匠、下をやったのはこいつですから」

「いや！　あの、やろうと言ったのは、あの……」

私がまごつくうちに、談志は高座へと消えていった。

それから数年後、談春の演じた『庖丁』を聴いた談志が「オレよりも上手い」と絶賛し、ちょっとした談春ブームが到来。現代の名人と持てはやされるのであった。

よかったね、兄さん。

あるとき、談春の落語を聴いた直後、「兄さん、落語上手くなったね」とほめたら、大喜び。私の弟子たちをつかまえては、「おまえの師匠に上手くなったってほめられちゃったよ」とはしゃぎまくっていた。

かわいらしいな、兄さん。

「談春はライバルだ」

私がある雑誌のインタビューで答えたところ、それを聞いた談春はこう言った。

「ライバルなんかじゃねえよ。ただの弟弟子だ」

憎たらしいなあ、兄さん。

談春ブームがきたあと、楽屋で私に向かってこうのたまった。

「おい、志らく。オレの独演会に入れなかった客が、おまえの会に回ってきてるだろ。だからおまえも潤ってるんだ。オレに感謝しろよ」

ひっぱたくぞ、兄さん。

談志が車の移動中、たまたまラジオから流れてきた談春の落語を聴いてこう言ったらしい。

「伝統とイリュージョンをじつにほどよくやってやがる。志らくはこのままだと負けるな」

負けないぜ、兄さん。

二〇一〇年、立川志らく落語家生活二十五周年の会を有楽町のよみうりホールで開催することになった。

ゲストに師匠、立川談志。談志の前で、私は談志の十八番である『らくだ』をかけることにした。大好きな談志のネタだが、演じるとなると最も難しい噺でもあった。

こんなあらすじである。

らくだという男が長屋で死んでいるのを、兄貴分である丁《ちょう》の目《め》の半次《はんじ》が見つけた。半次は通りがかりの屑屋に指図して、通夜を執り行おうとする。らくだの兄貴分の登場に屑屋は震えた。ただでさえらくだに普段からいじめられていた屑屋は、半次の言いなりになり働いた。ときにはらくだの死骸を担いで大家の家まで押しかけ「カンカンノウ」という歌まで歌い、酒をせしめた。大家からせしめた酒を半次に無理やり飲まされた屑屋であったが、じつは酒乱だった。やがて、半次と屑屋の立場が逆転して——。

その前年、ザゼン・ボーイズというカリスマ的ロックバンドを率いるミュージシャン、向井秀徳《むかいしゅうとく》に声をかけられて、彼らのライブでも『らくだ』をやっていた。

向井が私の『らくだ』をたまたま聴いたのがきっかけだった。

「志らくの『らくだ』は登場人物のすべてが狂っている」

そう感じたという向井に声をかけられ、ジョイントすることになったのだ。

大阪と東京の大ホールでのライブだった。すさまじいサウンドに観客が陶酔するなか、中盤まで進んだところでステージに高座が運ばれる。めくり台には「立川志らく」の文字。しかし、ザゼン・ボーイズのファンのほとんどは私の名前など知らなかった。

異様な展開だった。ロックコンサートにはおよそ不似合いな着物姿の落語家が登場する。観客も若干とまどっているのを感じた。

一瞬、私は、これはなにかの罰ゲームではないかと思ったほどだ。持ち時間は三十五分。激しい演奏に酔いしれていた観客に向かって、座布団に座り、ひとりで対峙《たいじ》しなければならないのだ。

まず私は、己のハードルを下げるとともに、観客のハードルを目一杯に上げた。

「これからあなたがたが神とあがめる向井秀徳が惚れたという落語をやります。もし面白いと思えなかったら、その人は向井秀徳と価値観が共有できないということだから、覚悟して聴いてください」

これが功を奏したのか、観客は真剣に落語を聴いてくれた。途中からは噺にのめり込んでいる手応えもあった。気づけば、私の『らくだ』は、これ以上なく盛り上がった。ロックの観客を、落語で熱くさせた。

過去の私ならば、また天狗の鼻が生えてくるところだが、すでに鼻は根こそぎ抜いてしまっていたので、己を勘違いすることはなかった。

落語家生活二十五周年の会、談志の前で『らくだ』を無我夢中で演じた。

終わって楽屋に戻ると、笑顔の談志がつぶやいた。

「オレのやりたいことは、だいたいおまえがやっている。安心だ」

うれしい言葉ではあったが、どこか弱々しく感じられるのが気になった。

後日、別の落語会の打ち上げでも、談志は私にこう言ってきた。

「オレとおまえのような落語をやるやつは、ほかにいるのか？」

「いません」

「そうだよな」

このときの談志も、寂しそうに映った。

この頃から談志はノドに異変を感じており、やがてそれがガンだと判明した。

さかのぼれば二〇〇七年の師走、よみうりホールの独演会で、談志は伝説の『芝浜』を演じている。

この頃は、もはや年末の風物詩のような感じで、落語ファンの多くが談志の『芝浜』を追いかけていた。とりわけ、この年の『芝浜』は神がかっていた。

「よそう、また夢になるといけねえ」

サゲを言って頭を下げた談志に、観客の拍手が鳴りやまない。

感極まった談志が、締めくくった。

「今夜の『芝浜』をやるために、落語の神様に今日まで生かされたのだと思います」

だとすれば、落語の神様は残酷なことをする。それからわずか数年で、芸人の命である〈声〉を奪おうというのだ。

談志は半年以上の病気治療に入った。

復帰の高座は、談志が若い頃にホームグラウンドとしていた紀伊國屋ホールだった。

会の名は、「談志が帰ってきた夜」。私と談春が露払いをつとめた。

楽屋で談志は、私や談春を前に稽古を始めた。そんなのは初めてのことだった。『首提《くびちょう》灯《ちん》』という落語だ。ああでもない、こうでもないと試した末、談志は不安を抱えたまま高座へと上がっていった。

声はほとんど出ていなかった。それでも談志は気迫で高座をつとめた。

打ち上げの席で、談志が言った。

「志の輔はオレのメディアの部分を見事にやっている。談春は美学をやっている。志らくはイリュージョンをやっている。三人揃うと談志になるんだよな」

だが、しばし考えて、ボソッと付け加えた。

「……いや、ならないか。まだ足りねえな」

それからしばらくして、談志の家に呼ばれた。

大量のビデオテープがあった。

「役者の小林勝彦《こばやしかつひこ》が亡くなったんだ。あいつの遺品として、コレクションのビデオテープをもらっちまった。テレビやなんかでやったやつを録画して、ぜんぶ自分でラベルをこしらえて揃えていたんだな。遺族が処理に困っていたから、オレがもらったんだ。もらったはいいが、どうしたもんかと。おまえ、ほしいのがあったら持っていってくれ」

小林勝彦氏は、脇役中心ではあったが、時代劇でよく見かける存在感のある役者だった。談志の友人で、銀座の美弥で何度かご一緒させてもらったこともあった。普段は物静かな紳士だった。

ビデオテープは段ボールで十箱はあった。私は未見の作品を中心に、段ボール二箱ぶんをいただくことにした。「残りは独演会で客に売っちまおうか」と談志は笑った。

帰りのエレベーターで談志が私に言った。

「おまえがいたから助かったよ」

「本当よね。こんなにたくさん、テープを持って帰ってくれるんだもんね」

手伝いに来ていた長女の弓子《ゆみこ》さんが同意すると、「そうじゃない」と談志。

「そうじゃないんだ。おまえが弟子でいてくれたから、助かったんだ」

「古い映画の話とか懐メロの話とかできるお弟子さんは、志らくさんだけだもんね。パパ、志らくさんが弟子でよかったね」

「まあ、それもあるが……そういうことじゃないのはおまえはわかってるよな?」

さらに、談志は少し照れ笑いしながら重ねた。

「落語はやっぱりいいよな?」

「はい!」と私は強くうなずいた。

私はうれしかった。

じつは半年ほど前にも、談志にこう聞かれたことがあった。

「おまえ、落語、楽しいか?」

談志の好物、冷麵が手に入ったのでそれを差し上げるために、やはり師匠宅を訪れたときのことだ。

「はい。楽しいです」と私は答えた。

「そうか。オレは楽しくないんだ。なんで落語なんかやってきたのか。客はぜんぶ筋を知ってるんだ、『芝浜』にしたって、『天災』にしたってな。『堪忍の堪忍が、おわかりか？』なんて言って、それがなんだっていうんだ？」

落語の『天災』のフレーズを例に、そう吐き捨てた。

「おまえだって本当はそう思っているはずだ」

私はうなずけなかった。

まさか立川談志の口から、落語なんか楽しくないという言葉を聞くとは思いもしなかった。しかも、私もそう思っているはずだと同意を求められるなんてことは。

返答に困っている私に、談志が言った。

「オレの心境に至るには、つまり、このことに気づくには、まだ十年はかかるだろうな。あと十年経ったら、おまえもオレと同じように狂うぞ」

あれから半年の間に、なにがあったのかはわからない。でも、談志が落語の世界に帰ってきたのはたしかであった。


ノドのガンの進行により、日々、落語がしゃべれなくなってきた談志。往年の迫力は完全に消え、まるで一筆描きのような落語になっていった。

そして、立川談志、最後の高座がやってくる。

私もそこにいた。川崎の新百合ヶ丘《しんゆりがおか》、麻生《あさお》市民館での立川談志一門会。

開演時間になっても、談志は現れなかった。もっともスタッフも、談志は最後に高座に出て挨拶するだけで十分だと思っていた。

一席の予定だった私が、二席やることになった。前半の私の高座が終わって休憩に入ったところで、談志が現れた。

「師匠、挨拶だけでかまいませんよ」と談志の実弟、松岡社長。

「いや、落語をやるよ」

そう言うと、談志は着物に着替えて、高座に上がった。

襟元のピンマイクが、荒い呼吸をすべて拾ってしまう。

落語は『長屋の花見』。近年の談志はまずやらない噺だ。これをわずか十五分程度で終えると、続けざまにもう一席語り始めた。

客は大喜びだ。弟子やスタッフは、固唾を呑んで、高座の行方を見守る。

『蜘蛛駕籠《くもかご》』という、こちらもめったにやらない噺だ。

だが、その意味がわかって、私は震えた。そして、涙が溢れ出た。

『長屋の花見』は、談志が前座になっていちばん初めに師匠・柳家小さんに教わった噺だ。

『蜘蛛駕籠』は、二つ目に昇進して、初めて演芸評論家に褒められた噺だ。

つまり談志は、一席ずつ落語とお別れをしたのだ。

本来なら、すべての噺とお別れをしたかったにちがいない。だが、その体力も時間も残されていなかった。

これを最後に、立川談志は二度と落語の世界に戻ってはこなかった。気管切開手術により、落語家の命である声を失ってしまったのだ。

手術の直前、談志は病室で、「へい駕籠、へい駕籠」と『蜘蛛駕籠』のフレーズをつぶやいていたという。


東日本に忌まわしい震災が起きた二〇一一年の夏。

お中元の季節だ。従来であれば、師匠のもとへ弟子は全員揃って夏の挨拶に出向くのだが、談志が入院中のため、弟子たちだけで集まろうということになった。場所はおなじみ銀座のバー、美弥だ。

私は仕事があったため、欠席した。

するとその晩、先輩の談四楼《だんしろう》師匠から電話がかかってきた。

「おい、志らくよ。オレ、おまえに謝りたいんだ。じつは今日、美弥に師匠がいきなり現れたんだよ。どうしても弟子に会いたいってな。熱が四十度くらいあったみたいだ。おまえほど師匠が好きな弟子が師匠に会えなくて、オレたちばかりが会えたなんて、なんだか申し訳なくてな」

「とんでもない。師匠への想いはみなそれぞれ。今日、行かなかった私が運がなかっただけですよ」

談志が店に入ってきたとき、弟子たちにとってはまさかのサプライズだったが、その姿にはもっと驚かされたという。やせおとろえて髪はボサボサ、声も失っている――。

「師匠なあ、おまえがいなくて寂しそうだった。それにずいぶんとやせちまった。でもな、眼光は鋭くて、頭はまだまだ談志だよ」

談志は弟子たちの前に座ると、筆談を始めたという。

「おまえたちに言いたいことがある」

そう前置きして、色紙になにかを書き出した。

弟子たちは息を吞んだ。

師匠からの最後のメッセージだ。遺言といってもよい。

談志が色紙を掲げた。

「おま○こ」

そこには女性の秘部の名称が書かれていた。

緊張の糸が切れ、弟子たちはひっくり返って笑った。

談志もニヤリと笑ったという。

「さすが師匠だよ。バカ受け。笑い転げた。でも、みんな泣いていたよ――」

そう話す談四楼師匠も、涙声だった。

以前にも、談四楼師匠が涙するのを見たことがあった。

談春の自叙伝『赤めだか』がベストセラーになったときのことだ。

師匠である談志の一連の書籍よりも売れたので、談志はどこに行っても、「お弟子さんの談春さんの本、素晴らしいですね」と言われ続けていた。なぜか談志はそのことを不満に思っているようだった。

楽屋スズメの噂話では、談志が弟子に嫉妬しているという。本当だろうか。

当時、談志は、盟友・野末陳平《のずえちんぺい》先生とTOKYO MXで『談志・陳平の言いたい放だい』という番組を持っていた。事件はその収録現場で起こった。

私も出演者のひとりとして楽屋で待機していると、そこに談志が入ってきた。あきらかになにかに怒っている。

「志らく！　ちょっとこっちにこい！」

大部屋のとなりの個室に連れていかれた。談志はカバンから一枚の雑誌のコピーを取り出し、「読んでみろ！」と私に渡した。そこには「書評『赤めだか』立川談四楼」と記されていた。

私はざっとそれを読み流した。

「読んだか？」

「はい」

「ヒドいだろ？」

「はい」

じつはなにがヒドいのか、まったく見当がつかなかった。

「談四楼に破門だと伝えたんだ。オレはあいつに裏切られたよ。あいつなら、もっと本質を捉えてきちんと論ずるはずだと思ったんだ。なんだい、これは。ただのヨイショ記事じゃねえか。近頃は山藤章二さんまで『赤めだか』をほめやがる」

やはり嫉妬なのだろうか？

談志は言葉を続けた。

「山藤さんなんか、オレの本をだいたい読んでいるんだから、『赤めだか』がオレの文体のマネだってこと、わかりそうなもんじゃないか。たしかによく書けてる。あいつにしては上出来だ。でもな、ただ手放しにほめればいいってもんじゃねえんだ。この部分はあきらかに談志のマネだ。オマージュならば問題ないが、師弟であってもやっていいことと悪いことがあるんだ。オレは師匠だから、それは許す。でも、誰かがそこを指摘すべきなんだ。その役割をオレは談四楼に期待していた。なのになんだ、これは！」

立川談四楼は「落語もできる小説家」と自ら名乗るほどの文筆家で、談志もその文才を認めていた。だからこそ、失望による怒りは大きかった。

番組収録が始まろうかという寸前、楽屋の大部屋に血相を変えた談四楼師匠が飛び込んできた。

「このたびはどうもすみませんでした！」

「てめえのツラなんぞ見たくねえ！　破門だ！　オレの前から姿を消しやがれ！」

あまりの剣幕に、談四楼師匠はおののいた。

いつもの談志ならば、多少語気は強まっても、なにに対して怒っているのかを理路整然と説明するはずだ。しかし、この日は違った。

「本当に、申し訳ございません――」

談四楼師匠が詫びても、談志は目も合わさずに野末陳平先生と談笑しはじめた。

「陳さん、今日は築地の魚河岸からマグロの旨《うま》いところをもらったんだ。それで弁当をこしらえてきたよ」

「うわ〜、ありがたいなあ。オレはね、この談志弁当が楽しみで収録に来ているんだよ」

「もらい物のお菓子もたくさんあるから、持っていきねえな」

「ウン、ウン」

このほほえましいやりとりを、談四楼師匠は楽屋の隅に立ち、まるで前座のごとく身体を小さくしたまま見つめていた。

収録が終わると、談志は身支度をすませ、スタジオをあとにした。そしてクルマに乗り込もうという間際、談四楼師匠が駆け寄り、もう一度、深々と頭を下げた。

「このたびは不愉快な思いをさせてしまい、本当に申し訳ございませんでした」

その言葉を無視して、談志はクルマに乗り込んだ。

談志が去ると、談四楼師匠は私に向かって、バツが悪そうにつぶやいた。

「談春なんかほめなきゃよかったよ。エラい目にあっちまった……」

その目には涙が浮かんでいた。

後日、談志から、談四楼師匠のもとに「ちょいと言いすぎた。すまない」という電話があったらしい。


談志が弟子たちの集まりに姿を現した数日後、私は談志の息子である慎太郎《しんたろう》さんに電話をかけた。

「師匠のお見舞いに行きたいんですが――」

「ウーン……。でもね、志らくさん、面会謝絶なんだよね。いちおう聞いてはみるけど」

やはりダメか。

噂では、ここ数日でさらに容態が悪化したらしい。

しばらくして、慎太郎さんから電話がかかってきた。

「志らくなら、べつにかまわないって。じつは、仙台の渡辺《わたなべ》くんからも見舞いにきたいって連絡があって、師匠が言うには、めんどくさいからふたりまとめてこいって」

「はい！　ありがとうございます！」

仙台の渡辺くんというのは、私の親友でもある談志信者で、東北《とうほく》電力の勤め人だ。談志や志らくが仙台に行くと、まるでマネージャーのように世話をしてくれる。落語にも造詣が深く、談志に重宝がられていた。

さすがなもので、渡辺くんは、私が弟子の集まりで談志と会えなかったことを知り、志らくのことだから単独で見舞いに行くだろうと踏んでいた。同じタイミングで自分も見舞いに行きたいと言えば、談志も断りきれないだろうと、そこまで計算しての行動であった。

私と渡辺くんは日本医大付属病院へと向かった。

道中、言葉はほとんどなかった。

ただただ、緊張していた。声を失った談志とどう対面すればいいのか、私にはわからなかった。

病室の入り口には「松岡」と記されていた。

てっきり「立川談志」と記されているものと思っていた。というのも、談志は本名で呼ばれることを嫌っていたから。病院の待合室で「松岡さん、松岡克由《かつよし》さん」などと呼ばれようものなら、不機嫌そうな顔で受付に行き、「オレは立川談志だ！」と怒鳴っていた。

だから、「松岡」の二文字に、私は違和感を覚えてしまった。

談志はベッドにあおむけになり、宙を見つめていた。

「パパ、志らくさんと渡辺くんだよ」

慎太郎さんが私たちのことを伝えてくれる。

「師匠、ご無沙汰しております」

談志が私をチラッと見た。その目つきが怖かった。

弟子入りした日に向けられたのと、同じ目だと思った。

でも、容姿はまったくの別人だ。大きさは半分ぐらいになっている。真っ白になった髪の毛は逆立っており、昔の文豪みたいだ。このやせ衰えた老人と病院の廊下ですれ違ったとしても、談志だとは気づかないかもしれない。

病室に「松岡」と記した意味がそれとなくわかった。談志だと知られたくなかったのだ。

慎太郎さんが笑いながら言う。

「師匠、今日は比較的機嫌がいいよ。志らくさんと渡辺くんが来てくれたからだと思う」

だが、談志は一点を見つめたまま、表情を変えることはなかった。

私はとりあえずの近況報告をすませると、あまり長居するのも師匠の身体に障ると思い……というのは表向きの理由で、とにかくこの空間から一刻も早く逃げ出したいという衝動に駆られて、「ではこのへんで」と腰を上げようとした。

すると談志がなにやらメモ用紙に文字を書きはじめた。

弱々しい字で、ほとんど読めなかった。談志はというと、ますます眼光だけを鋭く光らせている。

「人生、こんなもんだ」

一瞬、私の脳裡《のうり》にそんな文言が浮かんだ。

「人間の最期なんてこんなもんだぞ。なあ、志らくよ」

談志が私にそう言っている気がした。

「『人生、こんなもんだ』ですか、師匠？」

談志はすっと目を逸《そ》らした。

いい言葉をもらえた。なにせ、兄弟弟子たちは「おま○こ」なのだ。

「じゃあ、これで失礼いたします。またお見舞いに伺います」

こんな当たり前のことしか言えないのか。自分の無能さに腹が立った。もしかしたら談志との今生の別れかもしれないのに、なにかほかにないのか？

「うー、うー」

談志が私の背中に向かって、まだなにか伝えようとした。

「パパ、どうしたの？　志らくさんになにか言いたいことがあるの？」

慎太郎さんが優しく談志に問いかけた。

すると、私の口から無意識に言葉が飛び出た。

「電気消してけ、でしょう」

談志は大きくうなずいた。

「そうか、もう寝るから、帰るなら電気消してけって？　へえ〜、息子のオレにもわからなかったのに。志らくさんは師匠のことがなんでもわかるんだね」

私は深く一礼をして、病室を飛び出した。

涙が止まらなかった。立川談志にあこがれて弟子入りしたが、気が利かないと怒られ続けていたあの小僧が、師匠と今生の別れの瞬間、実子でもわからなかった気持ちが阿吽《あうん》の呼吸でわかったのだ。

「電気消してけ」

この言葉はゲーテの最期の言葉に匹敵する、と言ったのが渡辺くんだ。

「ゲーテの最期の言葉は『もっと光を』。哲学的な言葉として伝わっているけど、じつはこのあとに、『寝室の窓を開けてくれ』と続くんです。つまり、部屋が暗いのがイヤなだけだったわけ。でも、弟子たちは深読みをして、『もっと光を』を哲学的な言葉へと昇華させたんだよね。だから、談志師匠の『電気消してけ』も、『志らくよ、立川談志という落語家の灯《あか》りを消していけ。そして、おまえが新たに灯りをともしていくんだ』ってことですよ、絶対に！」

だが、間抜けな後日談もあった。

談志の長女である弓子さんに「人生、こんなもんだ」と書かれたメモ用紙を見せると、

「『人生、こんなもんだ』なんて書いてないわよ」とあっさり否定されてしまったのだ。

「人生？　違うわよ。これ『人』に見えるけど、カタカナの『ス』でしょ。ステレオって書いてあるわよ。私、パパの筆談の相手をずっとしてたから、だいたいわかるもん。『ステレオ持ってこいよ、今度来たら』って書いてあるわよ」

ステレオ、つまりカセットデッキを持ってこい、と書かれていたのだ。

談志はこう言いたかったのだろう。

「今度見舞いにくるときは、カセットデッキを持ってこいよ。一緒に懐メロでも聴こう」

談志は自宅で酔っぱらうと、昭和歌謡のレコードやカセットテープを流して歌うのが好きだった。ほとんどの弟子にとってははなはだ迷惑な話だが、私は談志の影響で大の懐メロファンとなっていたので、それは至福の時間であった。

新幹線の並びの席で談志と地方興行に行ったときのことだ。談志が不意にカバンから懐メロ大全集という歌本を引っ張り出した。表紙に何十人という懐メロスターの顔写真が載っている。

「志らく、この表紙に出ている歌手、どっちが知っているか当てっこしようか？」

私は驚いてしまった。友達じゃないんだから。

懐メロに関して、こんな出来事もあった。

弟弟子の真打ち昇進パーティーのゲストに、電子アコーディオン奏者の高山禮至《たかやまのりゆき》先生がいらっしゃった。

昭和歌謡のレパートリーなら膨大にある先生だ。パーティーの二次会で、ほろ酔い気分の談志が声をかけた。

「高山さんよ、なにか懐メロ、演奏してもらえないかい」

「はい、家元のリクエストならば」

「そうかい。じゃあ、志らく、おまえが歌え！」

「はい！」

私はマイクを握り、高山先生の脇に立った。

「えーと、なにを演奏しましょうか」

「ああ、オレが懐メロを仕込んだから、こやつ、なんでも歌えるよ」

「はい、師匠の好きな歌ならだいたい歌えます。藤山一郎《ふじやまいちろう》ならば、なんでもかまいません」

私はまるで人間ジュークボックスのごとく、歌いまくった。談志はとても喜んでいた。

「おい、志の輔！　おまえもなんか歌え！」

談志からの突然の指名に、志の輔兄さんは一瞬とまどった様子ではあったが、そそくさと私の横にやってきた。

志の輔兄さんが懐メロを歌う姿など、見たことがなかった。立川談志の弟子のなかでも最高傑作とまで言われ、マスコミでも売れまくっている志の輔兄さんだ。いったいなにを歌うのだろうか？　お手並み拝見である。

「高山先生、岡晴夫《おかはるお》の『憧れのハワイ航路』をお願いします」

志の輔の選曲に談志が顔をしかめた。

談志は岡晴夫の大ファンではある。だが、誰もが知っているような定番ヒット曲は好みではない。私は、「ああ、兄さん、しくじったな」と心のなかでちょっぴり優越感に浸っていた。

演奏が始まった。

〽晴れた空　そよぐ風
朗々と歌い出した志の輔兄さんだったが、次の瞬間、マイクを私の口元に移動させた。つまり、その先の歌詞はわからないからおまえが歌え、ということ。志の輔の機転とまごつく志らくの姿に、パーティーの列席者はみな爆笑している。私はとまどいながら続きを歌った。

〽港出船の　ドラの音愉《ねたの》し
　別れテープを　笑顔で切れば
　希望《のぞみ》はてない　遥《はる》かな潮路

ここまで私に歌わせると、志の輔兄さんはマイクをフロアへと向けた。サビを列席者たちが声をあわせて歌う。

〽ああ　憧れの　ハワイ航路

もはや、完全な志の輔ショーだ。みな大喜び、談志もご満悦であった。おそるべし、立川志の輔！

志らくは談志を喜ばすためだけに歌っていた。ほかの人間は眼中になかった。しかし、志の輔は違った。マニアックな歌謡曲ばかり聴かされ飽き飽きしていた列席者を喜ばせ、さらには談志まで満足させたのだ。これが大衆に支持されている落語家と、マニアにだけ評価されている落語家の差であった。

そもそも志の輔兄さんとは兄弟弟子でありながら、ほとんど接点がなかった。だが、この数ヵ月前に、志の輔兄さんと軽く口論になったことがあった。

師匠宅に一門が集まり、宴会が催された際のこと、酩酊状態となった志の輔兄さんが私に絡んできたのだ。

「おい、志らくよ。おまえなんかが、オレに続いてもっとたくさんテレビに出なきゃダメだよ。師匠だってきっとそう思っているにちがいないぞ」

私はカチンときた。

たしかに志の輔兄さんは私の先輩だ。アドバイスをくれるのはありがたい。でも、なぜテレビに出ているというだけでそんなにエラそうなのか？　なぜテレビに出ている落語家のほうが上なのか？

私はイヤミを込めて返答した。

「ならば伺いますが、どうやったら兄さんみたいにテレビに出られますか？」

「それはな、オレみたいにすればいいんだ。スタッフがこうしてほしい、スポンサーがこうしてほしい、視聴者がこうしてほしいと思うことをやればいいんだ。自分のやりたいことは極力抑えてな。そうすれば、出られるよ」

「そうですか。それならば、私は芸人をやめます」

「なんでだよ!?」

「だって、そうじゃないですか。自分がやりたいことをやるのが、芸人ですよね？　自分のやりたいことを抑えてまで、テレビなんかに出たいとは思いませんね！」

すると、志の輔兄さんは黙りこくってしまった。

このときの考えは、いまでも間違っていないとは思っている。だが、「憧れのハワイ航路」で会場を盛り上げる志の輔兄さんの姿は、「志らく、こういう生き方もあるんだぞ」と教えてくれているような気がした。

志の輔ショーが拍手喝采に終わると、続いて談志は、談春を指名した。

しかし、会場に談春の姿が見当たらない。こうなる事態を予想して、姿をくらましていたのだ。

しばらくして懐メロ大会も落ち着くと、談春は何食わぬ顔をして戻ってきた。

「兄さん、どこ行ってたの？　さっき師匠がさがしてたよ。談春にもなにか歌わせるって。なにか歌えばよかったのに。さだまさしとかさ」

「高山先生が『道化師のソネット』とか演奏するわけないだろ」

「で、どこにいたの？」

「トイレでのんびりしてたよ。そうしたらへベレケに酔っぱらった師匠が入ってきてな、小便しながらブツブツ言ってやんの。『志らくはオレの宝だ』ってな」

しかし師匠の最後の言葉、「電気消してけ」はわかったのに、「いっしょに懐メロでも聴こう」がわからなかった。私はそのことが悔やまれてならなかった。

秋になったら、もう一度お見舞いに行こう。

そう思っていた矢先、年末恒例となった有楽町のよみうりホールの談志独演会で談志の代演をしてくれないかと連絡があった。

伝説の『芝浜』が口演されたのもこの会だった。しかし、今年はどうやっても談志が独演会をやるのは無理そうなので、志らくにやってもらえないかと主催者。無理そうもなにも、談志は声を失い、もう二度と落語を語ることはできないのだが、公表していなかったので、世間はまだそのことを知らない。

私はふたつ返事で引き受けた。そして、談志の代わりによみうりホールで落語をやることになったという報告がてらであれば、またお見舞いに行けるのではないかと思った。

さっそく私はまた慎太郎さんに電話をしてみた。しかし、何度かけても電話はつながらなかった。

その晩、私は赤坂で落語会があった。

ネタは『らくだ』だ。もはや自分の十八番だと自信を持って高座に上がった。観客の反応もよかった。

だがこの晩、どうしても談志の『らくだ』を超えられないとの想いも強くした。それは、談志がこの噺に入れた、ある場面を描いていないからだ。

それは酔っぱらった屑屋の回想として出てくる、こんな場面だ。

乱暴者のらくだがあるとき、土砂降りの雨のなか、原っぱに立ちつくしていたことがあった。全身ずぶ濡《ぬ》れだ。見かねた屑屋が近づくと、らくだは寂しそうな笑みを浮かべて屑屋の頭をコツンと叩いたという。嫌われ者のらくだにも、なにか悲しいことがあったのだろう。らくだにも、彼なりの人生があった――。

やはり、この場面を描かなければ私の『らくだ』は完成しない、と確信した夜だった。

その日が、二〇一一年十一月二十一日だった。

この時点ですでに談志は息をひきとっていた。

私が慎太郎さんに電話を入れたのが、まさに旅立ちのときであった。

立川談志、享年七十五。

落語に人生を懸けた談志。

声を失うまでボロボロの姿をファンに見せた談志。

談志があこがれた昭和の名人・古今亭志ん生は、晩年に酒に酔って高座で寝てしまったことがあった。あわてた前座が高座に飛び出し、志ん生を起こそうとした。すると客席から、「寝かしといてやれ!」との声がかかった。客は寝ている姿でもいいから、志ん生を見ていたかった。

談志には、たとえ声を失っていてもいいから高座に上がってほしいとファンは願っていた。

しかし、談志は人前から姿を隠した。弱みを見せられるのは家族だけだった。つまり、最期は「立川談志」ではなく、「松岡克由」であることを選んだ。

こんなことを思い出す。

談志が、都内の独演会で思ったような反応を得られなかったときのことだ。打ち上げの席で談志は、観客にウケなかったのではなく、落語に対する己の解釈に誰もついてこられなかったのだと結論づけていた。しかし、悪い酒が回り、夜もふけ、付き人である前座も帰した。ひとり残った私が、談志をタクシーで自宅まで送り届ける。途中、何度かタクシーを止めさせて、立ち小便をした。酔いすぎて自分では立てず、私が支えてオシッコをさせた。

自宅に着いた談志は、おかみさんの顔を見るなり言った。

「今日ぼくね、落語、ウケなかったの……」

「あら、そうだったの。それで、そんなに呑んじゃったのね。かわいそうに」

私は、なにか見てはいけないものを見てしまった気になった。

談志は私がいることに気づき、突然語気を強めて言った。

「もうおまえは帰れ！」

「あっ、はい！」

「電車はあるのか?」

「いえ、もうありません」

「オレを家まで送るのは弟子として当然だが、電車がなければタクシー代を払ってやるのも師匠の貫禄《かんろく》だ」

酩酊状態でも論理立てて話をするあたりが、談志であった。

「家までいくらかかる?」

「一万円くらいです」

「そんなにかかるのか!? じゃあ、五千円にまけとけ」

「はい、ありがとうございます」

私にお札を渡しながら、談志が言う。

「おまえに五千円もとられるとは、なんたる屈辱!」

あまりのかわいらしさに、つい私は笑ってしまった。

そんな師匠が消えてしまった。

この世から立川談志がいなくなってしまったのだ。

私は抜け殻状態で赤坂から帰宅すると、妻に談志の死を伝えた。

するとは妻はこんな話を教えてくれた。

「師匠、私に言ってたよ。『オレと志らくは同じ色の血が流れているんだ。緑色の血がね』って」

おもわず笑ってしまい、少し気がラクになった。

談志の訃報が流れると、世間は大騒ぎとなった。私はテレビ、ラジオ、雑誌と引っ張りだこに。ちょっとした談志バブルである。

最初に談志の訃報でメディアに出たのは、高田文夫先生のラジオ番組だ。

「師匠の葬式は家族だけ。弟子は見送れなかったんです」

「じゃあ、師匠、もしかしたらまだ生きているかもしれないぞ」と高田先生。

「火葬場で棺桶《かんおけ》のなかに師匠のかわいがっていたぬいぐるみを入れたんだそうです。みんなが『この子もかわいがってたから入れよう』『あっ、この子も――』って。しまいには『これ、なんかほつれて古いから燃しちゃおう』って棺桶に放り込んだら、おかみさんが、『ゴミを焼却するんじゃないのよ！』って怒ったんですって」

「おい、志らく、それはおまえのネタだろ！」

ゲラゲラと笑う高田先生ではあったが、その目は真っ赤だった。

「志の輔、談春、志らくらが語る談志像」

雑誌や新聞の見出しではこんなふうに書かれることが多かった。

これを見て、私のことを「志らくら」という名前だと勘違いした人もいた。件の談四楼師匠はこんなことを言っていた。

「なんだい、オレたちは『ら』でひとくくりか？　いいさ、オレたちは『ら族』だよ！」

談志のお別れの会が、ホテルニューオータニで開催される運びとなった。

直弟子が全員集まって会議が開かれた。

談志亡きあと、落語立川流は親睦団体になった。束ねるのは、一番弟子の土橋亭《どきょうてい》里《り》う馬《ば》である。

「お別れの会の招待客を選定しないといけない。ただ、大将はとにかく顔の広い人だった。ある程度絞らないととんでもない規模の会になっちまうと思うが、どうする？」

里う馬師匠の問いに、少なくとも東西の落語家全員に招待状は出すべきだという意見があがった。多くの弟子たちは、それが当然だと納得し、話がまとまりかけた。

私はといえば、少し違和感を覚えた。

「ちょっと待ってください。常識で考えたらそれで当然なんですが、はたして師匠は喜ぶでしょうか？」

「どういうことだい？」と里う馬師匠。

「もしここに師匠がいたら喜びますか？　全員となると落語協会から飛び出た際にさんざん師匠を非難してきた落語家も含まれるんですよ。お別れの会なんだから、談志を愛する人だけを集めるべきじゃないんですか？　来てくれて師匠が喜ぶ人を呼ぶべきじゃないですか?」

「そうか。じゃあ、そうしよう」と里う馬師匠。

熱く語った私がバカに見えるぐらいに、あっさりと決定した。ここらへんが落語家のぞろっぺいなところだ。

お別れの会は、談志と深い交流のあった者のみを招待することになった。提案を却下された兄弟弟子は明らかに不満な顔をしていた。

社会的常識と談志の了見を秤《はかり》にかければ、当然、談志の了見を選択するのが弟子の務めだろうと思いきや、そうでもないのである。

こんなこともあった。

兄弟弟子の談幸《だんこう》が、自分の弟子を引き連れて落語立川流を脱退し、落語芸術協会に移籍してしまった。

非難はできない。理由は、残りの落語家人生を寄席で過ごしたいからだという。落語立川流がたんなる親睦団体になった以上、見切りをつけられてもしかたがないのだ。

だが、思いもかけない事態が訪れた。談幸さんの連れていった弟子はふたりいたのだが、ふたりとも二つ目の身分であったのに、芸協に入るに際して、前座からやり直しとなったのだ。ひとりは真打ち目前であった。

これに私が激怒した。

落語立川流で二つ目に昇進したということは、談志が認めた二つ目である。それを前座からやり直させるというのは、談志の否定だ。この不条理な事柄を世間に知ってもらうために、私はＳＮＳを通じて芸協を猛烈に非難した。対して、芸協からの反応は皆無だった。ただ、身内から私への非難が飛んできた。

落語立川流の会議でのこと、談春が私を叱責した。

「どういうつもりだ、志らく！　おまえがあんなことを言えば、芸協に移籍した談幸兄さんとその弟子たちは肩身の狭い思いをすることになるんだ！　移籍したって、オレたちは兄弟弟子なんだ。わかってるのか！」

「誰に気を遣ってるんですか？　たしかに談幸兄さんや弟子たちは肩身の狭い思いをするでしょうけど、気を遣うのはそこですか？　我々の師匠、立川談志を否定されたんですよ。談志が二つ目だと認めた落語家を、向こうは平然とこちらに相談もせずに前座に落としたんですよ。落語協会を脱会したときと同じじゃないですか？　どうして怒らないんですか？　どうして私が怒られないといけないんですか？」

「あのな、芸協の副会長の（三遊亭）小遊三《こゆうざ》師匠にはお世話になっているんだ。談志の追悼公演にも出演してもらっているんだぞ」

「えっ!?　お世話になっているからって？　お世話になっていれば、師匠を愚弄されてもいいんですか？　それとこれとは別なんじゃないですか？」

「それはお前の意見なんだ！　落語立川流の意見だと思われると、オレたちが迷惑なんだよ」

「だから私の個人のツイッターで発信したんじゃないですか」

「あのな、もっとおだやかに非難できないのか？　あんな乱暴な言い方は失礼だろ」

「乱暴に言うのは持ったが病だから、しかたありませんね」

「なんだその物言いは！」

「ええ？　兄さんが尊敬している談志がそうじゃないですか。師匠がこのことを聞いたら黙っちゃいませんよ！」

ほとんどの兄弟弟子は談春の味方をした。

この瞬間、私も落語立川流から脱退したいと強く思った。

師匠をバカにされたから怒ったのに。同じ価値観を持つならば、一緒に怒ってくれるはずなのに。志らくだけが、変わり者で頭がおかしいと思われている。

私は普段は優柔不断で、どちらかと言えば気弱な人間だが、談志のことや落語のことに関しては絶対に譲ることがない。とたんに牙を剝き出し、相手が誰であっても食らいついてしまう。談幸さんの件では、当時、落語芸術協会会長であった桂歌丸《うたまる》師匠を名指しで批判してしまったくらいだ。

では、なぜ、あのとき落語立川流をやめなかったのだろうか。

それは……、けっきょくのところ兄弟弟子たちのことが好きなのだ。

もちろん嫌いなやつもいるが、でも、なんだかわからないがフニャフニャしている落語家たちが愛《いと》おしいのだ。なんだか落語の登場人物のように思えてしまうのだ。

談幸さんのことは、のちに芸協の落語家である桂竹丸《たけまる》兄さんが内情を教えてくれた。

「志らくよ、あんたが怒ったのは無理のない話だけど、ちょっと違うんだよ。談志師匠を否定したんじゃなくてね、いきなり立川流から移籍してきてさ、快く思っていない人も少なからずいるわけ。その人たちを納得させるために、少しの間、前座をやらせて、オレたちの仲間だよと。その証拠にすぐに上にあげて、真打ちにだってしちゃっただろ。うちの協会は揉《も》めごとは嫌いなのよ。みんな仲良くやりたいんだから」

「兄さん、それをもっと早く教えてよ。歌丸師匠にまでケンカ売っちゃったよ。謝りたくても、亡くなっちゃったし。それにヘタしたらあの件でオレ、立川流をやめてたかもしれないんだから」

「やめても大丈夫だよ。そんときはうちの協会に入ればいいから」

「でも、前座に落とされたらたまらないよ」

「ハハハ、そんなバカな」

「いや、いまは会長が（春風亭）昇太《しょうた》兄さんだからやりかねないよ」

竹丸兄さんは大笑いしながら言った。

「それはありえるな！」

談志が亡くなってからしばらく経ち、談志の家を処分するかどうかが遺族の間で議題にのぼった。私たちが前座修業のために通った、練馬のあの家だ。

談志はもともと新宿のアパートで家族と暮らしていた。子どもがふたり、長女と長男。庭つきの大きな家のほうが子どもたちにもいいだろうという理由でこの家を買った。

購入資金は、談志が自民党議員であった縁で、大平正芳《おおひらまさよし》元総理大臣から借りた。その際、大平正芳は談志から利息をとった。最初、そのことに納得がいかなかった談志は、直接不満をぶつけたという。

「利息を払うくらいなら大平さんから借りないよ」

すると、大平正芳はこう言ってのけた。

「いや、利息はきみのプライド料だよ」

談志は、「やっぱり自民党の政治家はすげえや」と感心してしまったそうな。

そう、談志は頭の切れる政治家が大好きだった。新幹線のホームで中曽根康弘《なかそねやすひろ》元総理大臣とばったり会った際には記念写真を撮ってもらい、その写真が週刊誌のグラビアに掲載されると、もう大喜び。ひとりで何十冊も購入し、知人に配って歩いた。

練馬の家の話であった。

談志が購入したその家は、畑に囲まれていた。駅までは徒歩で二十分以上かかる。思春期を迎えた長女の弓子さんは、ここからではディスコにも通えないと家出し、新宿のアパートに戻ってしまった。するとおかみさんも娘をひとりにしておくのは心配だからと、同じく新宿のアパートへ戻ってしまう。長男の慎太郎さんも、パパとのふたり暮らしは気が詰まってたまらないとやはり新宿のアパートへ戻ってしまった。

だから談志は、意地になってあの家にひとりで暮らしていたのだ。そこに前座として、私たちが通うことになった。

晩年はおかみさんの住む根津《ねづ》のマンションが談志の住処《すみか》であったが、ことあるごとに練馬の家にも帰っていた。だが、談志亡きあとは空き家になってしまった。

それでも簡単に売却できない事情があった。

庭に、談志がこよなく愛した八重桜の木があった。

八重桜でありながらソメイヨシノのような淡い色の花びらで見事に咲き誇る、近所でも名物の桜となっていた。道路から見物している老夫婦などがいると、談志は、「こんど弁当でも持ってきて、庭で花見をしてくださいな」と声をかけていた。亡くなる数ヵ月前には、病院からわざわざこの桜を見るために一時帰宅をしたくらいだ。遺骨もほんのひとつまみ、桜の木の根元に埋められた。

その桜を見知らぬ他人に譲ることができるだろうか。

談志の家族は、すでに各々が都心で居を構えている。子どもや仕事の都合もあり、この家に住むことは難しい。

そこで白羽の矢が立ったのが、私であった。

偶然だが、私はこの家から歩いて十五分ほどの近所に分譲マンションを購入し、家族と暮らしていたのである。同じ練馬なので談志の家からさほど遠くはないと思ってはいたが、実際に住むまでは、そこまで近所だとは思っていなかった。

ふらっと散歩をしていたら、談志の家の前に出てしまったことがあった。そのことを報告すると、「師匠に引き寄せられたんだわ」と妻は言っていた。

「ねえ、志らくさん。そんなに近所なら、パパの家を買ってくれないかなあ」と言い出したのは、談志の長女、弓子さんだ。

「志らくさんが買ってくれたら助かるんだけど」

「いくらですか？」

「一億円」

「そんなカネ、持ってないですよ！」

「志の輔さんなら持っているわよ」

「じゃあ、志の輔兄さんに買ってもらえばいいじゃないですか」

「志の輔さんだと、自分がその家に住むメリットは？　とか聞いてきそうだし」

「ならば、私が住むメリットは？」

「志らくさん、パパのこと大好きだったし、パパも志らくさんが住んでくれたら喜ぶと思うよ」

答えになっていなかったが、もし自分が住むことで師匠への恩返しになるのならばと、少し気持ちが揺らいだのはたしかだ。

「もしリフォームしてくれたら、賃貸というかたちで住みますよ」

「本当に!?」

そこからはあれよあれよと物事が進み、気がつくと『大改造!!劇的ビフォーアフター』というテレビ番組の企画まで乗っかってきた。「談志の家に愛弟子の志らくが住む！」と打ち出し、気づけば、衆人環視の大リフォームに。家の三分の一は、談志の在りし日のままの書斎を保存して「談志ミュージアム」に、残りの三分の二は、改装して、私たち一家の住居となった。

「志らくは、談志の名前を継がずに家を継いだ」と楽屋スズメにはからかわれた。

「志らくは師匠のミュージアムの管理人になった」と笑ったのは談春だ。

「あのね、兄さん。管理人といったって、おカネをもらってないですから」

「もらってないの!?」

「家賃を払っているんですよ」

「ゼニを払って家の管理をしているんだ。すごいねえ」

なかには、「談志の遺族にとりいって、談志の名前をもらおうという魂胆じゃねえのか」などと吹聴している輩《やから》がいるとの噂も聞いた。談志が見たのと同じ風景を毎日見ることができる、という幸せを知らないやつの嫉妬だと割り切ることにした。

そして、『劇的ビフォーアフター』の調査がおもわぬ事実を解明してくれた。

かつて前座部屋として私たちが詰めていたスペースは、本来は隠居部屋として使用するために設計されたもので、家のなかでももっともしっかりとした造りがなされていたのだという。そうと知らずに談志は、いちばんいい部屋を弟子に提供していたことになる。


談志がこの世を去り、さらに数年が経ち、私はテレビに出るようになった。

もともとテレビは若い頃にずいぶん経験させてもらったので、もう出なくてもいいだろうと判断していた。そんな私に対し、談志はなにも言わなかった。

だが、談志の死後、じつは私にテレビで売れてほしいと談志が思っていたことを、方々から知らされた。

「なんで志らくは、テレビで売れてスターになろうとしねえんだ」と談志が言っていたと、談志の弟である松岡社長から聞かされたとき、私のなかである事柄が腑《ふ》に落ちた。

亡くなる数年前、談志がとある舞台でトークショーをしたときのことだ。

司会はアナウンサーの山中秀樹《やまなかひでき》さん。私は舞台袖にいた。

「家元、禁断の質問をします。お弟子さんのなかで、どなたが談志の名前を継ぐんですか？」

談志の表情が一瞬くもった。

客席に緊張が走る。

しばし間があって、談志が言った。

「志らく、出てこい！」

会場がざわめいた。私もまさかと思った。

この場で名前の譲渡が行われるのか？

私は神妙な面持ちで、談志の横に立った。

「順番から言えば、志の輔じゃないと世間が許さないわな」

緊張が解けて、会場から笑いが起こった。

まごつく私に、談志は追い討ちをかけた。

「お前がどうしても継ぎたきゃ、継いでもいい。いますぐでもいい」

私はとんだピエロであった。まさか、お願いしますなんて言えるはずもない。

山中アナウンサーが言った。

「じゃあ、仮に志の輔さんか、あるいは志らくさんがどうしても継ぎたいと言って談志になったら、家元はなんて名前になるんですか？」

「名前なんかなんでもいいよ。（林家）木久蔵《きくぞう》が木久扇《きくおう》になったみたいに談扇《だんおう》でもいいし、クリスマスでもいいし」

「クリスマス？」

「ああ、立川クリスマス」

「家元がクリスマスになっちゃうんですか!?」

会場は爆笑である。

どうして師匠は私を舞台に呼び寄せたんだろう？　理解できなかった。

こんなこともあった。

談志が爆笑問題の太田光《おおたひかり》さんと対談をした。以前から談志は太田さんをかわいがっていた。その記録映像を家でぼんやりと見ていると、談志がこんなことを口走ったのだ。

「オレの未練を太田に置いていきたいな」

未練というのは、芸の未練である。それを、弟子でもない太田光に「置いていきたい」と言ったのだ。

志らく、ではないのか？

リップサービスにしてもそれはないよ、師匠。同じ価値観を持った同志だと言ってくれたのに。オレの宝だと言ってくれたのに。名前は志の輔に？　未練は太田光に？

だけどいま、すべてが腑に落ちた。

「なんで志らくは、テレビで売れてスターになろうとしねえんだ」

この言葉につきる。

同じ価値観を持った同志だろうがなんだろうが、志らくは売れていない。志らくが談志になったところで、落語ファン以外は、誰なんだ志らくって？　となる。「志の輔じゃないと世間が許さない」というのはそういうことだ。

「太田に未練を残す、なんてオレに言わせるな。おまえも太田ぐらい売れりゃいいんだよ」

談志の声が脳内に響き渡った。

なんて親不孝だったのだろう。

私は決心した。恩返しのためにも、テレビに出て売れよう。

もっとも「テレビに出る」といっても、私の一存でできることではない。まず私は、ワタナベエンターテインメントの会長である吉田正樹《よしだまさき》さんに相談をした。

吉田さんとの出会いは、まだ談志が生きていた頃にさかのぼる。吉田さんがふらっと私の落語会にやってきたのだ。終演後には食事に誘われた。吉田さんは言った。

「なにかあったら、一緒に仕事をしましょう」

談志が亡くなった翌年、その言葉を覚えていた私は、下町ダニーローズで談志の追悼公演を行う際に、吉田さんにプロデューサーをお願いした。

公演は、私が一席落語を演じて、その後日談を芝居で見せるというスタイル。談志の好きな映画、音楽、落語をふんだんに詰め込み、タイトルも「談志のおもちゃ箱」とした。

談志の大ファンでもあった吉田さんは快くプロデューサーを引き受けてくれたのだが、しばらくして手を引いてしまった。なにがあったのだろうと思ったが、あまりにも私が言うことを聞かないからだと、役者として出演していたミッキー・カーチスさんが教えてくれた。

「吉田くんが嘆いてたよ。志らくが自分の言うことをぜんぜん聞いてくれないって。だからオレは言ってやったんだ。『聞くわけないって。あいつは談志の言うことだって聞かなかったんだから――』」

吉田さんとはそれっきりになっていたが、テレビに出ようと決意を固めた私に、親身に相談に乗ってくれた。そして、私をワタナベエンターテインメントの所属にしてくれたのである。

同じ事務所の売れっ子、恵俊彰《めぐみとしあき》さんが司会を務める番組『ひるおび』のレギュラー・コメンテーターにさせてもらい、それがきっかけで数多くのバラエティ番組に出演。二〇一七年上半期には、ブレイクタレントとして出演番組の前年比増加数が二位となった。

すべてのきっかけは吉田さんなのだが、じつは漏れ聞いたところによると、吉田さんを私に近づけたのは高田文夫先生であった。吉田さんがまだテレビ番組のＡＤだった頃、高田先生があるバラエティ番組のチーフ作家をやっていたことがあり、ふたりはそれ以来の付き合いだという。

高田先生が目をかけた芸人はみな、テレビの売れっ子になっていく。談春も数々のテレビドラマに出演し、役者として引っ張りだこになっていった。だが、志らくは落語という世界で、井の中の蛙《かわず》のままだった。そこで、あるとき高田先生が吉田さんに声をかけたそうな。

「吉田くんよ、志らくをなんとかしてもらえないか」

そんなやりとりのあとで、吉田さんは私の落語会に足を運んだのだ。

しかし、それにしてもだ。これほどまでに私がテレビに出るようになるとは、高田先生も、吉田さんも、なにより私自身も、想像だにしていなかった。

やがて、そそっかしいプロデューサーが志らくに朝のワイドショーの司会をやらせたら面白かろうと、テレビ史上初となる落語家メインの朝の情報番組『グッとラック！』まで始まってしまった。

私は、談志の教えのひとつである「テレビは私物化しちまえ」に従い、朝から小津安二郎や川島雄三《かわしまゆうぞう》といった昔の日本映画や、藤山一郎や三橋美智也といった懐メロなど、談志に教わった己の趣味を語りまくった。結果、番組は低視聴率のため、わずか一年半で打ち切られてしまう。

談志が初期の頃に審査員を務め、いまや年末の風物詩にもなった漫才番組『M－1グランプリ』の審査員にも抜擢《ばってき》された。そこで私は、談志の『芝浜』にシビれまくったという若手漫才師・ランジャタイに遭遇。二〇二一年の決勝戦で彼らの順位は最下位だったが、私は最高点をつけた。彼らの漫才は、談志の提唱する「イリュージョン」という概念を体現していたからだ。

イリュージョンとは、意味はないが夢のようで、かつ衝撃的で、なんともいえぬおかしさと狂気の共存する世界――。

談志は、「落語の本質は、イリュージョンだ」と言った。だから私はそれを追究しはじめたが、続く落語家は誰ひとりいなかった。そもそもイリュージョンを理解できない、というか、理解する必要すら感じていない落語家が大半であった。なのに、若いランジャタイがそれを漫才でやっていたのはうれしい驚きだったのだ。


ついには、あの『笑点』にも出演した。

言うまでもなく、立川談志が生み出し、初代の司会者でもあった番組だ。そんな『笑点』を、私は長い間、批判してきた。

昔からよく「『笑点』に出られるような芸人になってくださいね」と言われたが、それが死ぬほどイヤだった。『笑点』に出るのが、落語家の目標じゃない。落語を語るのが、落語家だ。真打ちに昇進してからは、「死んでも『笑点』には出ない！」と宣言した。「落語イコール笑点」という世間の誤解が許せず、「『笑点』よ、なくなってくれ」とまで著書につづったほどだ。

それだけ批判しておきながら、なぜ出演したのか。

私が『笑点』批判を繰り広げた数年後、たまたま新幹線のグリーン車で番組メンバーと遭遇してしまったことがあった。

それぞれ落語界の諸先輩方でもある。挨拶こそしてくれたが、誰も話しかけてはくれない。当たり前だ。「オレたちの悪口を言ったやつじゃないか」という心の声が聞こえてくる。まさに針のムシロだ。

しばらくして、当時は三遊亭楽太郎《らくたろう》の名であった六代目円楽《えんらく》師匠が、「これ、かなり美味《うま》いよ」と言いながら、メンバーらにアンパンを配り始めた。私は見て見ぬふりをした。すると、「おい志らく、おまえにもあげるよ」と私にもアンパンをくれたのである。

「ありがとうございます！」

こんなに心から感謝の言葉が出るものかと、我ながら驚いてしまった。それぐらいうれしかったのだろう。

『笑点』からのオファーは、病気静養中の円楽師匠に代わって、週替わりの助っ人《すけと》のひとりとして大喜利に出てほしいというものだった。

「オンエアは（二〇二二年）五月十五日で、この日は五十六年前に『笑点』が誕生した日でもあるんです。ですから、生みの親・談志師匠の直弟子である志らく師匠に出演していただけないかと」とプロデューサー。

「私はずいぶん番組を批判してきましたよ」

「いえいえ、誰も気にしちゃあいませんよ。円楽師匠とのアンパンの件もありますし」

「ご存じでしたか、あの話」

「はい、ほかの番組で話されていたのを聞いたことがあったので」

「では、出演させていただきます。円楽師匠へのご恩返しのつもりで」

かくして私は、かつて批判してきた『笑点』に出演する運びとなった。

もちろん、ずっと批判し続けてきたわけではない。それに自分もテレビに出るようになって、ようやく『笑点』の存在意義が理解できるようになった。落語冬の時代には、『笑点』が落語を守ってきてくれたのだ。『笑点』がなければ、日本のテレビから落語はとうに消えてしまっていたであろう。

私は亡き談志に聞いてみた。

「師匠、『笑点』に出てもいいですよね？」

「あたりまえだ。あれはオレがつくった番組だ。堂々と出てこい。暴れてこい。落語家の大喜利がいちばん面白いと世間を驚かせてこい」

……と、まあ、そんなこと談志は言わないだろう。

「勝手にしろ」

この一言にちがいない。

「師匠、今回は助っ人というかたちですけど、もしレギュラーの声がかかったらどうすればいいでしょう？」

「そしたら、いつか司会になって、番組にトドメを刺してこい！」

これは言うかもしれない。

というか、どんな番組だっていつかは終わりがくる。ならば談志のつくった番組を談志の弟子が終わらせる、というのも粋なものだ。

「じゃあ師匠、『笑点』への未練は、私に残してくださいね」

談志は苦笑いを浮かべるだけであった。

そして、私が『笑点』に出演を果たした数ヵ月後、円楽師匠もあの世に旅立ってしまった。

世間は早すぎると嘆いた。

でも、談志ならきっとこう言うのではないか。

「いい死に方だ。いい時期に死んだよ。死んだってまったく騒がれねえ落語家だってたくさんいるが、こんなに惜しまれてるんだ。芸人冥利につきる。こっちの世界にいるオレからすれば、まだ早いけどな。歌丸が来たばかりだから、追い返したいよ」

談志亡きあとに雑誌などのインタビューを受けるたび、私はかならずこう言ってきた。

「談志は私の身体のなかにいる」

スピリチュアル的なものにかぶれたかと心配する人もいたが、そうではない。

伝統芸能の世界において、師弟の別れはない。肉体は消えても、その精神や芸は弟子たちの身体に宿り、次代へと伝わっていく。だから私の身体のなかにも談志はいる、と吹聴したのだ。

とはいえ、肉体は消える。談志の骨の一部はハワイと沖縄の海に散骨された。どちらも談志が愛した海だ。

沖縄では、渡嘉敷《とかしき》の海に骨が撒《ま》かれた。

散骨当日、ボートで沖合まで出て、弓子さんがお骨の入った小さなビンを持ったまま海に入った。私はボートから縄バシゴを降ろし、水中メガネをかけてその様子を見物していた。

「さようならパパ」

弓子さんはそう言うとビンのフタをはずし、逆さまにした。談志の真っ白なお骨が一直線になって海底へと沈んでいく。

水中を覗くと、ブルーに透きとおっていた。かつて師匠に命じられても、海面で目を開けられなかった私は、海のなかがこんなにも美しいことを初めて知った。

そこに、とたんに無数の魚が現れた。かと思うと、一瞬にしてお骨を食べてしまった。

「師匠が魚に喰《く》われた――」


ハワイへも、追悼の意味を込めて妻と旅行に出かけた。

二日目の夕方、妻が私に言った。

「せっかくハワイに来たんだから、サンセットを見ながら夕食にしましょうよ」

だが、年末ということもあり、オープンテラスの店はどこもいっぱいだ。

「もう、どこでもいいか」

「どこでもいいけど、天ぷらそばだけはイヤ」

私は海外の食事があわず、海外旅行でも日本食を探して食べるタイプであった。

談志はまったく違った。談志は好奇心のかたまりで、地元のものはなんでも好んで食べた。同行者が「談志さん、これはなんですか？」と聞こうものなら、怒られてしまう。

「食べもんに決まっているじゃねえか！」

私はハワイにきた初日のディナーで、早くも日本食の店に飛び込み、天ぷらそばを食べた。妻は文句も言わずに付き合ってくれたのだ。

私たちは夕食難民になるのを防ぐべく、目を皿にしてワイキキビーチを歩いた。するとき、少し奥まったところに空席のあるホテル内のレストランを見つけた。海岸側から店に入ることができる。

サンセットを眺めながらというわけにはいかなかったが、なかなか美味しいお店だった。

「昔、師匠とハワイに行ったときも、こういう高級店でごはんを食べたの？」

「食べられるわけないよ、前座だもの。レストランの外で待つだけ。オレの夕飯は、サンドイッチを買ってきて部屋で食べた」

「かわいそうに。せっかくのハワイなのに」

「一度だけ、落語会の主催者だったサントリーの社長が、『お弟子さんも食べてくださいよ』ってステーキ屋に入れてくれたことがあった。で、びっくりするほどデカいステーキがきたんだ。オレ、あまりステーキとか得意じゃないでしょう。無理して食べていたら、師匠が『全部食わなくていいからな』ってコソッと言ってくれたんだ」

「師匠、優しいね」

「うん、それはうれしかったんだけど、お腹《なか》いっぱいのところで油断したもんだから、寝ちゃったんだよ、オレ」

「師匠のとなりで？」

「うん。さすがに師匠、あきれて怒りもしなかった」

そんな会話をしながら、談志との思い出に浸って食事を終えた。

帰りはホテルのロビー側から出る。なんだか見覚えのある造りだ。

「あれ？」

「どうしたの」

ホテル名を見て、私は震えた。

〈シェラトンワイキキ〉

そこは、かつて談志に同行した際に泊まったホテルだった。

談志は、主催者や地元の友人たちとこのホテルのレストランで食事をとることが多かった。

店の前で待機する前座時代の私の身なりはじつにみすぼらしかった。あるとき、「なにか用ですか？」と、レストランの店員に不審者扱いを受けてしまったほどだ。

私は、あわててたどたどしい英語で説明をした。

「店のなかに、師匠がいるので」

だが、「師匠」を英語でなんと言うのかがわからず、「ティーチャー！　ティーチャー！」とだけわめいていた。

あのレストランに飛び込み、食事をしたのだ。
でも、きっと偶然じゃない。
知らず知らずのうち、私はいろんな場所に入れるようになっていた。
いつだって師匠が導いてくれたのだ。

師匠——。

師匠が亡くなったあと、「なんで志らくは、テレビで売れてスターになろうとしねえんだ」といろいろな人に言っていたことを知りました。だから、師匠孝行のためにテレビに出るようにしました。昼のオビ番組のレギュラーになり、朝のオビの情報番組の司会にもなりました。いっとき日本で二番目に多くテレビに出たタレントにもなりました。志らくのやつはテレビに魂を売りやがった、談志が草葉の陰で嘆いている、と言う人もいますが、師匠は喜んでくれていますよね。
師匠は言いました。「あと十年経ったら、おまえもオレと同じで、落語に行きづまって狂う」と。私がテレビに出るようになったときが、ちょうどその十年目。テレビという新たなオモチャに出会えたおかげで、狂わずにすみました。でも、ときおりテレビで正しいことを正しいと発言している私を見て、苦虫を嚙みつぶしたような顔をしていることでしょう。

師匠は、正しいことを正しいなんて言う行為をいちばん嫌っていましたね。芸人ならば、もっと非常識に生きろと。だけどね、師匠。いまの時代、なかなかそうもいかないんですよ。非常識では生きづらい世の中になっちゃったんです。それでも、志らくはまだ毒舌なほうだと言われていますがね。

談志の弟子はみな、弟子入りした瞬間に、談志になることを放棄したと言われてきました。志の輔兄さんは、師匠をある意味、反面教師にしてソフトな談志になろうとしている。談春兄さんは、落語の芸の部分だけ談志になろうともがいている。私はね、談志そのものになろうとして、世間から笑われています。

そして、私の弟子たちはこんな私になろうとしています。でも、志らくの向こうに談志が見えてるからこそ、志らくになれれば談志に近づけると信じているのだと思います。

そんなことよりね、師匠。

最近、『らくだ』を語ろうと高座に向かうと、雨のなか、黒紋付き姿でいる師匠が目の前に現れるんです。師匠、全身ずぶ濡れで寂しそうなんですが、私のほうに振り向くと、ニコッと笑って頭をコツンと叩くのです。

師匠、どうせなら私に小言もください。

……え？　甘ったれるな？

いや、弟子は師匠には甘えていいんですよね。

そのことに気づいたのは、師匠がいなくなってからでした。

だから、これからはずっと甘えさせてもらいますね。

初出「小説すばる」２０２２年12月号～２０２３年３月号
ＪＡＳＲＡＣ 出 ２３０７１１２-４０３

装丁　横須賀拓
装画　出口えり
編集　九龍ジョー

立川志らく（たてかわ・しらく）

１９６３年東京都生まれ。85年、立川談志に入門。95年、真打ち昇進。著書に『全身落語家読本』『雨ン中の、らくだ』『立川流鎖国論』『進化する全身落語家　時代と芸を斬る超絶まくら集』『決定版　寅さんの金言　現代に響く名言集』などがある。

師匠《ししよう》

2023年11月10日　第１刷発行
2024年４月16日　第３刷発行

著　者　立川志《たてかわし》らく

発行者　樋口尚也

発行所　株式会社集英社

〒101-8050　東京都千代田区一ツ橋2-5-10
電話　03-3230-6100（編集部）
03-3230-6080（読者係）
03-3230-6393（販売部）書店専用

印刷所　TOPPAN株式会社

製本所　株式会社ブックアート

ISBN978-4-08-771851-5 C0095
定価はカバーに表示してあります。

集英社文芸単行本

うま

——馬に乗ってこの世の外へ——

井上ひさし

原稿用紙162枚。
奇跡的に発見された未発表戯曲！

時は156…年。舞台は羽前の国、小松郷。病気の老婆を連れて、馬一頭と村にやってきた太郎。村の有力者、横暴な松左エ門は、この馬が黄金のくそをすると聞き、太郎から無理矢理買い上げるが、黄金のくそなどするはずもなく馬は殺された。その後、太郎は巧みな嘘を重ねて、松左エ門をはじめとする村人から大金をまきあげ……。主人公太郎の悪漢ぶりが痛快なピカレスク戯曲。

集英社文芸単行本

タダキ君、勉強してる?

伊集院静

小学校1年生。最初の学期末にもらった通信簿はオール1!

そんな西山忠来少年はいかにして伊集院静となったのか!?

故郷の師、銀座のママ、伝説の車券師、阿佐田哲也、ビートたけし、松井秀喜から愛犬、両親まで、人生を導いてくれた凄い「先生」たちとの出会いと学びとちょっと恥ずかしい事実——。

きっとあなたもあなたの「先生」に会いたくなるエッセイ集。